II

生徒指導研究のフロンティア
シリーズ

森田洋司／山下一夫
［監修］

生徒指導の
リスクマネジメント

阪根健二［編著］

G学事出版

シリーズ
『生徒指導研究のフロンティア』
趣旨

　本シリーズは、生徒指導の第一線に立つ研究者、教育行政関係者、現場教師の叡智や実践を集め、これまでの生徒指導を総括するとともに、新しい時代の生徒指導を構築していくために企画されました。

　そのねらい、目指すものは以下の通りです。

・これからの社会の方向性と将来を担う子どもたちに必要とされる資質・能力とは何かを明らかにし、場当たり的なその日暮らしの指導ではなく、中・長期的視野に立った生徒指導の考え方と実践の方向性を提示する

・新学習指導要領や第三期教育振興計画など、現在進行している新たな教育改革・学校改革の動向を踏まえた生徒指導を提案する

・最新の国内外の研究や新しい教育の流れをベースにして、これからの生徒指導の新たな地平を切り開く内容を盛り込む

・使い手の視点に立って明日からにでも役立つ指導や実践を示しながらも、研究・実践や調査から得られた知見をその背後で裏打ちすることによって、読者が自信をもって指導に臨むことのできる内容を示す

・多様化し複雑化する児童生徒の問題に直面して抱く読み手のさまざまな悩みや指導の手詰まり感・疲弊感を乗り越え、学校現場に明日に向かう力を与える

　本シリーズが、日々の生徒指導実践の一助になることを願っています。

監修者　森田洋司
　　　　山下一夫

第2巻のねらい

　今、学校はこれまで遭遇しなかった諸課題に直面することが多く、その対応や解決に苦慮することがある。特に生徒指導の問題では、過去ならば、非行、校内暴力、不登校、いじめなど、それなりに積み上げた指導手法によって、ベテラン教員を中心に経験則で対応してきたが、今やそれが通用しない。経験だけでは対応し得ない状況なのである。また、「生徒指導」という本来の意味や意義から、児童生徒に関わる問題ならば、全てが生徒指導ということで守備範囲が広くなってしまい、生徒指導主事も困惑しながら疲弊しているのが現状である。

　編者は元中学校教員であり、その多くは困難校勤務であって、生徒指導主事を拝命してきた。その後、県教育委員会の指導主事として、生徒指導を主管することになったが、そこでも自分なりの指導手法によって多くの事例の解決を図ってきた。これらは、いわゆる対症療法的な手法であったが、それなりに自信をもって対応してきたといえる。ある時は高圧的に対応し、それが結果につながった。しかし、時代が変わるにつれて、それが正しいのか自問自答するようになった。大学で勤務することになり、新たな知見に遭遇するたび、これまでの自分自身の手法が本当に正しかったのか、疑問を感じるようになった。

　たまたま学会活動において、ISSBD（国際行動発達学会）でシンポジウムを企画する機会を得た。ここでは、「いじめ問題における教師の指導の在り方」をテーマに、国内外の研究者に問題提起を行うものであった。そこでは、教師の知識習得や実態調査と、教員養成と教員研修の重要性が示された。これは、世界でも日本でも同じ問題意識であったことに大きな発見があった。つまり、知識と検証なくしては、いじめ問題を含めた生徒指導の諸問題への対応はできないということである。

　これを機に、科学研究費助成事業等を活用して、生徒指導に関わる教師の在り方をいかに「最適化（目的に対して最も適切な方針・計画をたて、

設計を行い、あるいはそうした選択を行うこと）」するかという視点で、研究を続けることとした。そこでは、さまざまな教育課題に対して、いずれの場合も教師の関与と指導方略が必要であり、その「最適化」が欠かせない。つまり、経験だけでは語れないのである。

この研究の助言者であるスティーヴン・ラッセル教授（米国）には、複数回来日いただき、その際に「intersectionality〈問題や課題の多重性〉」についてご教授いただいた。これは、いじめ問題、ネット問題、LGBT等の現代の諸課題は、それぞれが個別の課題ではなく、輻輳（ふくそう）（ものが集まり、混み合うこと）しているという背景があり、総合的に対応することが教師にとって必要であると示されたのである。それは、さまざまな課題における知識なしでは、実践がおぼつかないということである。

これは大きな収穫であった。つまり、個々の問題を考える上で、指導する教師の資質が重要であり、遭遇するリスクに立ち向かう知恵と手法を会得していく必要があるといえる。つまり、いわゆる「危機管理（リスクマネジメント）的な手法」を取り入れながら、個々の問題が輻輳する背景や制約などを意識した指導が求められているのである。

本書では、「生徒指導のリスクマネジメント」として、危機管理の概要を説明した上で、各課題における専門家に、個々の事案について詳細に解説していただいた。ここには、理論をベースに、実践における多くのヒントが隠されているが、今後遭遇するさまざまなリスクに対して総合的に考えていくという構成である。

生徒指導は、単なるハウツウではなく、データと学説等を基盤にし、それぞれの事案が輻輳している背景などを探ることが大切であり、まさに、生徒指導のもつ深さである。これこそが、現在の学校現場に必要な資質だといえよう。危機管理能力の高いリーダーは、的確な危機予測ができること、そして危機対応において最小のダメージコントロールが可能な能力をもっていることである。本書が、それに資するものとなれば幸いである。

編著者　阪根健二

目　次

第3章　新たな課題にいかに対応すべきか　117

第1章

生徒指導における
リスクマネジメントとは

I 学校における危機管理とは

鳴門教育大学大学院特命教授 **阪根健二**

1 リスクマネジメントの基本

（1）危機管理の現状

　近年は、想定外の事案が発生するたびに、危機管理体制が不十分ということで、思わぬ責任が問われることがある。特に、社会環境等の急激な変化によって、思いも寄らない事態が多方面に影響を与え、企業の存続だけでなく、国家さえも揺るがしかねない事態が起こっている。

　これは、情報の伝搬速度と関係しており、過去には危機回避のための時間的な余裕があったが、今やネット社会の中で瞬時に情報が伝達されるため、危機対応の余裕さえ与えてくれないのである。また、伝搬範囲も広がっているため、どこから二次的なダメージを受けるか予測できないのが実情である。

　こういった情勢から企業では、従来にも増して危機管理システムの確立が急務となり、これまでのリスク管理の徹底を図るだけでなく、災害や事故等で重大な被害を受けても、重要な業務を継続させるための「事業継続計画」（BCP：Business Continuity Plan）の策定など、「事業継続マネジメント」（BCM：Business Continuity Management）を基軸とした危機管理体制の充実を図ってきた。この動きは日本においては、阪神淡路大震災を一つの契機として、その後の東日本大震災や原発事故、経済変動による企業破たん、そして、度重なるリコール問題、ネットを介在とした不祥事など、企業運営の継続のためには重要な経営要素として重視されてきた。また、メディアの進展に伴って、「説明責任」（Accountability）が危機対応の重要な視点となっていることも見逃せず、これらの視点は今や行政組

織においても必然である。

　では、学校ではどうであろうか。昨今、学校現場では対応に苦慮する事態が多々発生しているが、予測不可能な状況においてどう対応すればよいのかが不明確であり、きちんとシステム化されていない。また、教職員においても危機意識が薄いという点に課題がある。つまり、危機対応能力が十分醸成される環境にあるとはいえないのである。これは、学校の組織上の特異性や学校文化の独自性に起因しているものと思われる。そのため、教職員研修においては、危機管理という視点を随所に盛り込み、危機に対応する努力を重ねてきた。ただ、これは、学校経営という範疇として動いているため、管理職の資質として捉えられてきた。

（2）危機管理の考え方

　「危機管理」の訳語として一般的なものは、Crisis Management であり、事案の発生や事態の急変における危機対応を示している。これは、事中・事後の危機管理という発想が主であるといえよう。しかし、一般的には、事案発生

図1　危機管理の概念（阪根、2010）

後の対応だけではなく、広く捉えるため、Risk Management と訳すことが多い。これは、元々企業や国家の経済的なリスク管理や安全保障の発想からきているものと考えられ、総括的な危機管理であるといえる。

　つまり、企業の保全や保障を考える上で、さまざまな危険や災害、危機的な状況に対して、迅速かつ的確な対応が必要であるため、その対処方法をシミュレーションしながら、予防策とダメージコントロールを事前に準

備する意図がある。特に国家レベルにおいては、戦争や紛争などによる国家的な危機において、軍事的・政治的な面から、危機的状況の回避のための準備と対応がなされてきた。こうして危機管理という発想が定着してきたと考えられる。

　さて、学校という組織は、経済はもちろん軍事や政治的な側面からも一定の距離感があり、危機管理の発想は、その必要性の観点からなかなか定着しなかった。しかし、社会の急激な変動の中では、学校といえども、これまで想定していなかった事態が発生し、その対応に苦慮することが当たり前となってきた。そのため、危機対応能力が教職員の資質において必須の条件となってきたのは自然の成り行きなのかもしれない。ただ、この危機管理の発想は、学校内にそう簡単に根付くことは難しいという側面がある。一方で、企業等での危機対応とは違った視点があるため、「学校危機管理」という、学校独自の危機管理という領域が生まれたのである。

（3）学校で危機管理が定着しない理由

　学校集団は、社会に存在している諸集団の中では異質なものであると考えるほうが妥当だろう。例えば、学校の指針や指導理念を表す「学校目標」は、企業の経済活動による利潤追求や、国や自治体の行政活動による国民の生活の向上など、それぞれに一貫性のある具体的な目標に比べると、子どもの望ましい人格形成や社会の理想を掲げるという、極めて価値的であり抽象度の高いものである。その反面、学校目標と相矛盾する現実的な教育活動を遂行するといった二重構造を容認する土壌がある。このことは抽象度の高いレベルでは共通理解は図れるが、具体的な個々の取組は教師によって異なる傾向が強くなるという状況を生み出してしまうのである。

　しかし、これまでの学校では、教師個々の専門性を尊重することで、ある程度有効に機能してきたものと考えられる。そこで生じたさまざまな問題に対しては、教師個々の能力や経験によって、対症療法的な対応がなされてきた感が強い。しかし、社会が進展すればするほどさまざまな問題が派生し、これまで想定していなかった状況に遭遇すると、教師自身の手もちの教育観では対応が不可能になってきた。そうなると、一層頑なな対応に終始してしまう傾向が強くなり、硬直した対応になってしまうという実

態が見えてくる。

このため、学校組織において危機管理の意識を定着させるには、教師集団にある特殊な構造を前提に考えることが必要であるといえよう。

また、意思決定の最終段階である管理職などのスクールリーダーの危機認識にも個々の差が顕著であることは言うまでもなく、これまで勤務した学校の困難度が経験知となり、それを基準とした判断がなされる傾向が強い。これもある意味仕方がないことではあるが、現実にはそれを判断基準とすることは大いに危険性があり、結果的に対応が後手に回ってしまうのである。

その上、児童生徒が主体の組織形態のため、そこでは保護的な意識が先行し、児童生徒への事前の働きかけを躊躇する傾向が強く、事案の発生において、主体者へのコントロールがほとんどできていない状況がみられる。これが混乱に輪をかけることになる。こういった現状は、企業における危機管理手法がそのまま学校現場にはあてはまらないことを示している。

（4）危機対応能力を保持するため

学校危機管理では、前述した組織的な背景を理解した上で、管理職を中心とした教職員全体の危機対応能力を高めることが喫緊の課題である。しかし、すぐにこういった能力が高まるものではない。また、全職員が共通の認識をもって実効性のある対応を行うとなると、実際は困難であるという現実が待っている。そのため、こうした能力が如何に保持できるかを検討することから始めていくべきだろう。

では、危機対応能力とは何であろうか？　読んで字の如く、危機が発生した際に、ダメージを最小限に軽減させる対処が、瞬時に行える能力である。これには、予見できる能力、予防できる能力、回避できる能力、対応できる能力という四つの視点がある。

ただ、学校内には危機に対応する能力は、対症療法的な能力であっても、経験的に備わっている教員は意外に多いものである。これは職人的な素養であり、これまでも、これによって危機的な状況をしのいできたという実績がある。しかし、これはほとんど蓄積されていないことから、せっかくの教訓が生かされていないといえる。

つまり、職人的な成功事例は数多く伝達されても、それが個々の資質に
ゆだねられているため取り入れにくく、一方で失敗事例の伝達は必要な情
報とわかっていても、専門性を基軸としている教員文化には馴染みにくい
ものだった。しかし、この失敗情報の取得こそが、危機意識の向上のため
の知見となり、予見や予測という重要なファクターをつかさどるのである。

（5）データやアセスメントの必要性

　もう一つ課題がある。それは、感覚的に危機を察知するという実態であ
る。昨年よりいいとか、子どもの行動はたぶんこうだろう、ということを
根拠として、方略を策定する傾向がある。

　国立教育政策研究所は、2003年6月に、生徒指導資料第1集として「生
徒指導上の諸問題の推移とこれからの生徒指導―データに見る生徒指導の
課題と展望―」を作成した。これは、生徒指導においては、時代の変化と
新たな社会環境の中に生きる子どもたちの育ちを踏まえ、新しい視座から
の捉え方と実践が必要になってきたという背景からである。現実の社会変
化や児童生徒の実態を的確に捉えることは、生徒指導を考える基本であり、
今後の生徒指導の在り方を考える基礎資料としての役割を果たせるものと
して注目すべきものだった。ところが、なかなか現場ではこれを活用しよ
うとする動きは見られなかった。数値をどう読み取ればいいのかという点
で、研修の必要性があったのかもしれないが、エビデンスなしには方略は
策定できないのである。

　例えば、2018年度の児童生徒の問題行動・不登校等生徒指導上の諸課題

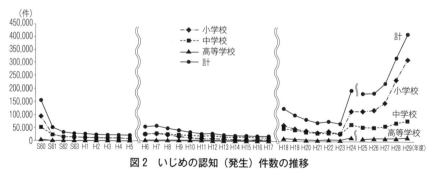

図2　いじめの認知（発生）件数の推移

（「2018年度の児童生徒の問題行動・不登校等生徒指導上の諸課題に関する調査結果」文部科学省）

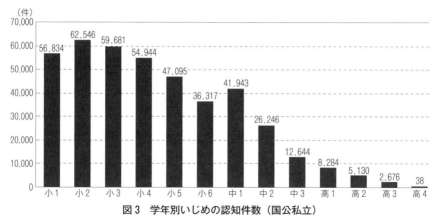

図3 学年別いじめの認知件数（国公私立）
（「2018年度の児童生徒の問題行動・不登校等生徒指導上の諸課題に関する調査結果」文部科学省）

に関する調査結果では、いじめ問題がクローズアップされた。

　ここでは、いじめの認知件数は、小学校317,121件（前年度237,256件）、中学校80,424件（前年度71,309件）、高等学校14,789件（前年度12,874件）、特別支援学校2,044件（前年度1,704件）。全体では、414,378件（前年度323,143件）であり、いじめを認知した学校数は27,822校（前年度25,700校）、全学校数に占める割合は74.4%（前年度68.3%）であった。いじめの認知件数の激増である。

　漠然と見ると、増加したという点にのみ意識化されるだろうが、どの学年において認知されているのかというグラフを見ると、自校との差異や学年別の方策などの基礎資料になるのである。特に、小学校低学年での認知件数が多いのは、社会性の未熟ということもあろうが、教師の子どもへの接触度合いと関連性があるように思われる。こうした視座が必要ではないだろうか。

（6）教職員をめぐる問題

　教職員の資質が問われている。教職員の不祥事が多発していることが起因しているからであろう。これは、子どもの事件や事故以上に、マスコミ等でセンセーショナルに扱われ、教職員への信頼を大きく揺るがす問題となっているからである。特に、セクハラ、飲酒運転、児童生徒への不適切な指導等は、テレビや新聞紙上において、倫理的な意味合いからも大きな

扱いとなっている。

　問題はここからである。こうした不祥事は、そのほとんどが処分対象であり、職を失う重大な事案であり、教職員自身このことを知っているはずであるが、それが自分の行っていることにつながらないという思考に陥ることが最も問題なのである。実際、周辺の職員の不審な動きにも互いに関わらず、コミュニケーション不足の実態がある。これも学校文化が背景にあろう。つまり、職場の風通しの悪さが、こういった事案の根本といえよう。また、そういった職場環境が、教職員の精神疾患などへの対処にも悪影響を与えている。

　これまでの学校文化の中で許容されていたことが、社会の趨勢で今や許されないことは多いという事実の裏返しであり、例えば、体罰問題はその代表例といえよう。では、厳しく管理すればよいかといえば、職場が息苦しくなるという声も聞かれるが、それが時代の変遷なのである。個人情報の取り扱いも同じと考えていい。過去は、個人情報の取り扱いも寛容だったが、今や個人情報の流出は社会的な問題なのである。そういった点で、USBメモリーの紛失などは大きな問題となった。こういった意識変革が重要であり、ここからスタートしないといけない。

　また、モンスターペアレンツに代表される保護者対応に苦慮しているケースも少なくない。これらは、保護者とのかかわりが根底にあるが、互いの信頼関係の崩壊から始まっている。そのためにも、説明責任が、危機回避や危機対応にとって重要な視点なのである。誰が悪いと犯人探しをするよりも、何が問題かという原因探しが重要であり、リスク環境をしっかりとアセスメントする必要がある。

（7）学校外から派生する問題

　自然災害（地震・台風）が起こったときの学校での対応は、システム的にほぼ策定されているといえる。しかし、これはいつ発生するかわからない危機であるため、平時での準備不足は否めない。ただ、子どもや教職員の命がかかる基本的な危機対応であり、民間の危機管理手法をどんどん取り入れ、自治体との連携も深めていくことが重要である。これまでの危機対応のネックであった連絡系統の確保、組織や連携体制の構築が重要であ

るが、その準備も不十分といえよう。

　また、災害の際、避難所として学校が指定されている。これまでの災害での教訓が最大限生かされるべきである。これは、阪神淡路大震災や東日本大震災では、学校という場が重要な位置を占めていたからだ。ここでは教職員の献身的な活動があった。学校は地域の中の拠点であることを再度自覚すべきだろう。ただ、学校には一般からみて受け入れにくい対応や考え方がある。例えば、災害の場合、被災の傷が癒えないときに、学校再開を言いだすのは、不謹慎ではないかという声が聞こえてくる。しかし、復興において、学校再開は大切な視点であり、子どもたちの居場所や心理的なケアに有効なのである。復興作業中には、子どもを安心して預けられる場が学校であることも再認識しなければならない。ここが学校危機管理の視点なのである。

　現在は、貧困や児童虐待なども大きな問題となっており、もはや、学校教育とは無関係ではいられないのである。

[引用・参考文献]
●阪根健二「危機管理能力とセーフティネットの構築」『学校の研修ガイドブック No.1「リーダシップ研修」』教育開発研究所、2004 年、pp.62-65
●阪根健二編著『学校の危機管理最前線』教育開発研究所、2009 年、pp.18-21
●阪根健二『学校の危機対応能力とは』教育と医学、教育と医学の会、慶應義塾大学出版、2010 年、pp.4-12
●文部科学省「2018 年度の児童生徒の問題行動・不登校等生徒指導上の諸課題に関する調査結果」2018 年

II 生徒指導における リスクマネジメントの考え方

鳴門教育大学大学院特命教授 阪根健二

1 どんな危機があるのか

　さまざまな危機に対応するため、まず、どういった問題があるか知っておく必要がある。学校危機管理マニュアルの多くは、自然災害や不審者対応を中心とする事件や事故等の対応がその中心である。その後、NBCR災害を対象とした都道府県もある。NBCR災害とは、核物質（Nuclear）、生物剤（Biological）、化学剤（Chemical）、放射性物質（Radiological）によって引き起こされる災害（戦争、事故、テロを含む）の総称である。このように、社会の動きや国際情勢が危機管理に大きな影響を与えている。

　そもそも危機管理マニュアルは、「危険等発生時対処要領」として、危険等が発生した際に教職員が円滑かつ的確な対応を図るため、学校保健安全法に基づき、全ての学校において作成が義務づけられているものである。文部科学省では、事件や事故、自然災害への対応に加えて、近年の学校や児童生徒等を取り巻くさまざまな安全上の課題や「学校事故対応に関する指針」（平成28年3月）、「第二次学校安全の推進に関する計画」（平成29年3月閣議決定）等を踏まえ、従前の参考資料をもとに「学校の危機管理マニュアル作成の手引」（平成30年2月）を作成してきたが、いずれも学校安全が中心であり、生徒指導面から考えると、やや異なるものである。生徒指導に特化して考えると、『生徒指導提要』（文部科学省）や「生徒指導リーフ」（国立教育政策研究所生徒指導・進路指導研究センター）などに、個々の対処法が記載されている。

　こう考えると、生徒指導における危機を考える際に、その危機の対象をどう考えるかがポイントになろう。その例として、三重県教育委員会が作

成しているマニュアルは、学校における危機を網羅しており、好例である
といえよう。そこでは以下のように、対象となる危機を定義づけており、
その上で危機状態を分類化している。

　　学校は児童生徒等が日々、学習をはじめとする諸活動を行う場であ
ることから、まず対処していく必要があるのは児童生徒等にとっての
危機である。また、学校が諸活動を進めるうえでは児童生徒や保護者、
県民等から信頼されていることが必要である。そのため、対象とする
危機を、発生すれば児童生徒等に好ましくない影響を及ぼす事態から、
学校経営上の問題等、保護者や県民の批判や不信感を招き学校の信頼
性を損なう事態まで幅広くとらえるものとする。以下に、対象とする
危機について例示する。危機についてはいろいろな観点から分類でき
るが、ここでは、被害の対象と原因により分類する。
（三重県教育委員会「学校における危機管理の手引」平成26年4月改
訂）

　ここで重要な視点は、危機の主体はあくまでも「児童生徒」であり、そ
の基盤として、学校や教師への信頼関係ということである。これが生徒指
導のリスクマネジメントの本質であろう。どうしても、生徒指導の危機と
なると、教職員の対応手法にのみ注目を集めがちだが、どんな場合でも、
子ども中心という意識をもっておかないと、自然に保身に走ってしまい、
その後の対応に苦慮する。
　三重県教育委員会は、学校における危機を分類して、次頁の表をマニュ
アルに掲載している。
　さて、生徒指導に特化した危機管理マニュアルとして、山口県教育委員
会の「問題行動等対応マニュアル〜児童生徒・保護者との信頼関係の一層
の構築を目指して〜」が参考になる。そこでは事例別マニュアルとして、
①重大事案発生時の基本的な対応（重大少年事件、児童生徒の死亡等）、②

大分類	中分類	小分類	危機の例示
児童生徒等に好ましくない影響を及ぼす事態	学習活動等	学習活動（各教科等）	運動時、実習・実験、校外活動中の事故
		特別活動	修学旅行、現場学習等での事故
		部活動	熱中症による入院、運動時の事故
		社会教育等活動	イベント・大会等参加中に事故
		その他	学校施設利用中の事故
	交通	交通事故	登下校時の死傷事故
	健康	感染症	新型インフルエンザ等への児童生徒の集団感染
		食中毒	給食等による集団食中毒
		アレルギー	アナフィラキシーショック（重篤なアレルギー症状）
	人権	人権侵害	差別事象
	問題行動等	街頭犯罪	児童生徒による恐喝、ひったくり
		暴力行為	児童生徒間の傷害行為
		いじめ	いじめに起因する傷害・自殺
	犯罪	不審者	不審者による殺傷・連れ去り
		インターネット犯罪	ICTを利用した誹謗中傷
	その他	自然災害	地震・津波、台風などによる児童生徒の死傷、校舎の損壊
		テロ・有事	水道への毒物混入、爆破予告
		その他	その他
学校の信頼性を損なう事態	教職員	不祥事	教職員その他学校に関わる職員による不祥事
		健康管理	心身の不調による業務への影響
		事故	交通事故
	教育計画	教育課程	未履修
	施設設備	施設設備	施設の保守管理、修繕の不備等に起因する人身事故
	財務	資金管理	公金の遺失
		会計処理資金運用	不適正な公金の支出、部費の不適切な執行
	情報	個人情報	個人情報の漏洩
		情報システム	システムダウンによる影響、ウイルスによる影響
	文化財	文化財保護	指定文化財の盗難や毀損
	業務執行	学校運営	保護者に対する不適切な対応による信用失墜
		社会教育等施設運営	施設利用者に対する不適切な対応による信用失墜
		広報・報道	不適切な報道対応による信用失墜・情報提供不備による不信感
	その他	その他	その他

（三重県教育委員会「学校管理下における危機管理マニュアル」より）

生徒間暴力・対人暴力、③対教師暴力、④器物損壊、⑤学級崩壊と続き、⑥いじめ防止対策推進法〈山口県いじめ防止基本方針〉、⑦いじめ認知・対応、⑧インターネットの誹謗中傷等、⑨男子児童生徒の性の逸脱行動、⑩女子児童生徒の性の逸脱行動、⑪万引き、⑫校内での盗難、⑬薬物乱用、⑭家出と網羅している。

　また、対応策として、①小中／出席停止、②懲戒処分〈高／停学・小中高／訓告〉、③高／中途退学〈問題行動等による自主退学勧告・懲戒退学〉、④高／中途退学〈自らの申し出〉とあり、⑤児童虐待、⑥自殺予告・自殺予防〈子どもの発するサインとその対応〉、⑦警察による逮捕・事情聴取等に関わること、⑧保護者・地域からの苦情等の対応、⑨緊急保護者会の開催、⑩重大事案発生時の報道機関への対応、といずれも緊急を要することや命に関わる内容を基本にまとめている。県内で発生した事件や事故の教訓が色濃く反映されている。

　なお、別途にいじめや不登校などの生徒指導のマニュアルを作っているが、ここでは時系列や優先順位を意識しており、実践的な点に特徴があろう。

　このように学校にはあらゆる問題があるが、それぞれの対応に微妙な相違はあるものの、いずれも学校生活において、児童生徒が被害側あるいは加害側になった場合は、生徒指導の問題として多くの教職員が経験した内容といえる。しかし、これが単なる事故なのか、故意に発生したものかによって、その後の対応が大きく変わってくる。また、個々の教員において、危機状況に立ち向かった経験には大きな違いがあり、イメージできないものもある。しかし、事案はその後に活かせる。それだけに多くの先生方にそれぞれの問題事案を知らせておく必要があり、教育委員会がマニュアルを作成する意図がここにある。

　ところが、生徒指導の問題は、児童生徒等の個人情報があるため、その扱いは極めてセンシティブなものである。また、危機対応においては、経験だけで対応することが多いため、時に現場での判断を鈍らせることもあり得る。「例年、大丈夫だったから」という判断のため、思わぬ大きな事件・事故を招くこともある。その意味で言えば、危機管理能力の高い教職

員は、過去の豊富な経験を意識しながらも、個々の状況に合わせて、柔軟性をもって、今どのように問題や状況に適用したらよいかを瞬時に判断し、実行に移せるのである。その経験がない場合は、マニュアルなど他の例を参考にして対応すべきである。

2　生徒指導の危機に対応するために

　生徒指導の危機に対応するためには、児童生徒が関与する問題の背景や意識を感じとれる「感性」が必要であろう。こうした感覚を磨くには、行事や活動の直前だけでなく、平素から他校の事例や対策、そして、新聞やテレビで報じられるニュース等に敏感になり、「なぜ、こうした事件や事故が起きてしまったのか」「どうすれば回避できたのか」を常に考え続けるより他にない。

　しかし、生徒指導的な面での危機においては、子どもの行動と教師の指導、そして保護者の考えが乖離し、それぞれの間の不信感が事を大きくしている。そのための初動体制や初期段階での指導がポイントになろう。事案の発覚後、子どもから証言を得たり、指導を行ったりすることがあるが、その場合に高圧的な指導になりすぎたり、配慮不足といわれる対応を行った結果、より困難な状況に発展したケースもある。

　一方で、インターネットによる犯罪などは情報化社会の中で生まれた新たな問題事例である。これは「新た」に弱い学校現場を示している。その解決法は確かに難しいが、何が問題なのかを整理しておけば、その対処も可能となる。いずれにしても、教師は鈍感であってはならないのである。そのために、まずは生徒指導の知見を獲得する必要があろう。

　では、知見の習得と保持において、どのような手法が考えられるだろうか。一例として、以下の手法や手順が有効である。

　①実際に発生した事案から、対応等を情報収集する。
　②危機管理的な側面を洗い出し、これまでの対応と比較検討する。
　③分析・検討をもとに、教訓を鮮明にする。

④教訓から、危機状態をシミュレーションして、全職員と情報共有する。
⑤共有した視点を実際に生かすため、予見行動を行う。

　ここでは、仮に他校で発生した問題事例があれば、自分の学校の実態や課題と比較検討することから始める手法がある。その結果を全職員と情報共有することで、実践につながる。ただ、人間はたとえわかっていても、実感が湧かないと動かない。自分の学校には関係ないと思い込み、結果的に危機管理対応が手遅れになってしまうことがある。これが他校での教訓が生かされなかったという事例の典型である。常に、その時点で社会問題となっている事例については、自分の学校に照らした検証が行われるべきであり、その検証手法を上記の手順に従って、その都度、念入りに実施することにより、危機対応能力の基盤となる知見が獲得できるのである。そのためには、各種の事例に関心をもつという姿勢こそが重要であり、それも重要な資質である。

　付け加えるならば、マスコミに大きく報道された問題ほど、身近に連鎖する可能性があるということも意識しておく必要があろう。このように感性的な側面が危機対応能力向上の基盤となっており、学校という特殊な組織内では重要な視点だと考えられる。

　生徒指導の問題においては、事案発生時点で初めて対応を考えるという傾向がある。そうなると、対応は職人的な部分が主流になる。前述したように、経験則が対応の基本となるため、感性的な側面が重視されるのであるが、こうした手法は簡単に身につくものではない。ベテラン教員の多い時代には、これで十分対応が可能だったが、現在は若い教員の増加によって個々の対応だけでは難しくなったため、チーム学校という発想が中核になったわけである。そうであるならば、情報を共有するための会議を増やし、研修を強化すべきという意見もあるが、働き方改革の現代では難しく、研修という手法だけでは不十分だといえよう。結論から言えば、必要なのは「このままでいいのか」という危機意識である。これがあれば、研修効果が飛躍的に上がる。その上で、危機対応のポイントや手法を共通理解していきたい。

3 危機対応のポイントを整理する

　生徒指導での危機対応においては、「こういう事態にはこうする」といった一つの答えがあるとは限らない。児童生徒の動きは予測しにくいファクターが多く、流動的なリスクが学校にはある。しかし「こういう事態が起こったときこの種の対応を怠ると、事態がより深刻になる」という視点ならはっきりしてくる。つまり、失敗事例が重要なのは、こういった点からなのである。そのため、実際にトラブルを乗り越えた学校や、先進的に対策に取り組んでいる学校がどのような課題に直面し、何が功を奏したのか、特にどんな「失敗」があり、それをどう克服したか、現場の声をできる限り収集することが重要であろう。ここから収集した知見が、実際の事案の発生時に必ず生かされるのである。研修では、こうした学校場面を例として整理しておき、自分の学校にあてはめてみると効果的である。その際に、何が問題だったのか、どういった教訓があったのかを、分類化して提示しておく必要があろう。新たな手法として、SHELL モデルを使った研修を提案したい。これは第3章に示す。

　さて、危機管理の視点は、事前の危機管理（予防的措置）と事後の危機管理（ダメージコントロール）との両方である。基本は"予見""予防""回避""対応"と考えればいい。ここで大切なことは、緊急を要する案件なのか、まずは対応手順をしっかり構築するものなのかを判断することにある。優先順位も危機対応には重要な要素である。仮に、児童生徒に危害が加わる状況が予測される場合、緊急度が一層高くなっていることを示しており、そうなると、悠長なことを言っていられる時間もなく、即座の対応が求められるのである。

4 コンプライアンスの視点も欠かせない

　コンプライアンスとは、企業が経営・活動を行う上で、法令や各種規則などのルール、さらには社会的規範などを守ることを意味している。これは、一般市民が法律を遵守することとやや区別して考える必要がある。危

機管理には関係ないように思われがちだが、この視点は欠かせない。コンプライアンス（compliance）の語源は、動詞のコンプライ（comply）で「（何かに）応じる・従う・守る」を意味している。日本語では、主にビジネスや経営の分野で用いられるが、その場合「企業が、法律や企業倫理を遵守すること」を意味している。現在、マスコミでこの語が登場する場合、ほとんどがこの意味であり、不祥事等に関連しているように思われるが、決してそれだけではない。

　教育は倫理観を重視している。しかし、開かれた学校、学部評価という時代背景では、意外なことまで問われることがある。例えば、放課後に職員室でテレビを見ていた教員が、新聞紙上で批判を浴びたケースがある。意外なように思われるだろうが、テレビに夢中になって、部活動に顧問教諭として対応していなかったことが問題になったのである。元来、部活指導に関する明確な規定はないが、部活動中において、教員の注意監督義務があることは明白である。しかし、実際の学校において、会議などで必ずしも常時監督できるわけではなく、その点では曖昧である。このケースでは、生徒と教員との人間関係に一つの要因があったのかもしれないが、厳格に言えば問題行動には間違いない。それならば、体育館や運動場に、誰か一人でも監督するという当番制のような状況をつくり出しておけば問題はなかっただろうが、そうしたシステムはとっていなかった。

　このように社会的な規範は、教職員は一般社会より厳しいのである。しかし、これまでは閉鎖環境にあったことで、学校は守られていた。また、地域の中で逆に教師だから許されるという文化背景もあった。職員室で囲碁や将棋を行う光景は、過去の学校では自然な行為だったかもしれないが、今は違う。社会に開かれた学校とは、これまでの甘い発想からの転換を始めなくてはならない。ここでも、社会の目や動向に敏感に反応できる感性が必要であり、それにより、ある事象が問題になるのか否かを判断することできる。そうすれば、リスクを回避できる知恵も浮かんでくる。

　世間は、よく教員は常識がないと酷評することがある。また、学校では許されても、民間なら許されないという言い方もよく聞く。学校には学校という単一社会の経験しかない教員が多いだけに学校からは反論できない

ことが多々ある。しかし、学校には学校の論理があり、全てを民間や一般社会と同じにするわけにはいかない。それは、子どもを育てる場であるからだ。

　だからこそ、社会や世間の動きを意識して、今、当たり前に行っていることに問題はないか検証すべきだろう。それさえわかっていれば、簡単に対策や改善が可能であり、無用な批判を受けずにすむのである。保護者との関係が悪化する場合も、ここに要因がある。

5　さまざまな課題に対応できる能力を取得

　生徒指導の問題は多岐にわたる。問題行動に対応するためには、それぞれの問題行動についての知識を取得しておかないといけない。2008 年、ドイツで開催された ISSBD（国際行動発達学会）において、筆者はあるシンポジウムを企画した。

　そこでは、国内外の研究者に、いじめ問題に対する教師の在り方について問題提起を行い、研究者たちの意見を聴取することとした。その結果、国内外の研究者は異口同音に、「①教師の知識習得」、「②行動研究や実態調査」、「③教員養成と教員研修」の重要性が示された。世界も日本も同じ問題意識であることに驚きと安堵を感じた。これによって、生徒指導において、教師の研修の改善が重要であることが明確となった。

　その後、10 年間、教師の対応の在り方について研究してきたが、さまざまな教育課題に対しては、いずれの場合も、教師の関与と指導方略が必要であり、その「最適化」が欠かせないことが示された。

　その上で、現代の諸課題に対応するための新たな枠組みとは何であろうか。仮に、新たな課題に対峙したとき、それに対する知識や経験がなければ、解決に至ることは難しいといえる。つまり、教師のスキーマ（schema；新しい経験をする際に、過去の経験に基づいて作られた心理的な枠組みや認知的な構え；『大辞林』第三版）を獲得・広げておく必要があり、大学・大学院は、その役割を果たすものとして有効だと考えられる。これは、「知見と実践の往還」である。

　特に、教師の指導の「最適化」とは、①なぜ、そうした課題があるのか、課題の背景は何かを把握、②その解決のための知識を習得、③適切と思われる方針・計画の立案、④実践に向けての設計と選択、⑤実践、⑥検証という流れであり、現在の教職大学院学修システムが、これに当たる。

　一例を挙げると、全国の教員 441 名に質問紙調査（2016 年）を行った結果、「セクシュアルマイノリティ」という言葉の定義を知っていますかという設問では、56.5％の教員が知っているという回答を得た。徐々に認知されていることがわかったが、「性的指向」と「性自認」の違いがわかるかとなると、21.3％であり、理解の中身は十分ではないことがわかった。教員研修等で理解は深まりつつあるものの、詳しい内容までには到達していない。こうした結果は、過去においても「いじめ」の定義に関するズレが、研究者と実践者の間の誤解を生じさせてきたように、異なる言語間だけではなく、同じ言語を使用している人の間でも立場が違えば、解決に向けての協働を阻害することがあることを示している。こうした実態を認識しながら、個々の課題に対応すべきであろう。

　そこで、第 2 章では、「個別の課題から実態と対応を探る」として、あえて、特に知見が必要となる「いじめ・ネットいじめ」、「スマホ問題・ネット依存」、「不登校・学校不適応・保護者との関係課題」を取り上げ、専門的な知見を紹介したい。

［引用・参考文献］
●三重県教育委員会「学校における危機管理の手引」（平成 26 年改訂）、「学校管理下における危機管理マニュアル」（平成 30 年改訂）
●山口県教育委員会「問題行動等対応マニュアル～児童生徒・保護者との信頼関係の一層の構築を目指して～」（平成 28 年改訂）
●文部科学省「学校の危機管理マニュアル作成の手引」の作成について
　http://www.mext.go.jp/a_menu/kenko/anzen/1401870.htm（平成 30 年改訂）
●阪根健二「危機管理能力とセーフティネットの構築」『学校の研修ガイドブック No.1「リーダシップ研修」』教育開発研究所、2004 年、pp.62-35
●阪根健二編著『学校の危機管理最前線』教育開発研究所、2009 年
●阪根健二「学校の危機対応能力とは」教育と医学、教育と医学の会、慶應義塾大学出版、2010 年、pp. 4-12

第2章

個別の課題から
実態と対応を探る

I いじめ・ネットいじめ

香川大学教育学部准教授　金綱知征
大阪教育大学教育学部教授　戸田有一

　ある県の「いじめ防止サミット」を支援した際に、テーマとして掲げられていたのは「『みんな』で、感じ、考え、つながろう」であった。このテーマには、誰もいじめを一人で抱え込むことなく、友達や先生や地域の人たちと「つながり」、「みんな」で"いじめゼロ"を目指して取り組んでいきたい、という実行委員である児童生徒80名の思いが込められていた。

　いじめている側の子も、いじめられている側の子も、そして周囲で見ているだけの子も、手を差し伸べたいけれども不安で行動できない子も、誰かと、そしてお互いに"つながる"ことで行動を変えることができるはずという思いである。一方で、文部科学省は「いじめはどこの学校・学級にも存在するもの」とし、いじめが存在することを前提とした予防・対応の必要性を強調している。私たち大人はこのスタンスを忘れてはならない。このスタンスを常に維持しつつ、しかし"いじめゼロ"を目指して主体的に取り組む子どもたちを支援していく。そんな実践が求められている。

　本節では、はじめにいじめ・ネットいじめの態様と背景要因について概観し、それらを踏まえた学校や教師のいじめ問題への適切な予防・対応の在り方について検討する。

1　いじめ問題の適切な理解に向けて

（1）いじめの定義の変遷とその運用

　複数の児童生徒が一人の子をからかう（イジる）と、からかわれた子はおどけて大げさなリアクションをとる。すると周囲でそれを見ていた子どもたちの間で大きな笑いが巻き起こる。小中学校の学級内でよく見られる

光景である。このような児童生徒の様子を目の当たりにした教師はどう行動するだろうか。ある教師はこれを「いじめ」と捉えて、からかった者や周囲で笑っていた者たちを指導するかもしれない。また別の教師は、合意のもとで行われている遊びやふざけ合いと捉えて深刻に考えないかもしれない。やった側や、やられた側の児童生徒の普段の行動、両者の関係性、行為が行われた学級の雰囲気や周囲で見ていた子どもたちの反応、あるいは教師自身の経験や価値観など、実にさまざまな要因によって子どもたちの言動に対する理解や判断は変わってしまう。特にこの例のように、ごく初期の段階の、いわゆる「いじめの芽」と呼ばれるような軽微な行為の場合は、やっている側も、やられている側も、また周囲で見ている者たちも、それが「いじめ」だという認識がないままに行われていることも決して珍しいことではない。これこそがいじめ認知の最も難しいところである。

　しかしながら、ひとたびいじめが原因と思われる児童生徒の自死事件が起これば、「なぜ気づけなかったのか」と学校や教師はその責任を問われる。だからこそ、いじめ行為をどのように定義し、またその定義をどのように運用していくのかという問題は、いじめの正確な実態把握はもとより、適切な予防・対応のために、ひいては子どもの自死などの重大事態を招かないというリスク管理の観点からも非常に重要なのである。

　日本におけるいじめ研究の第一人者である森田はいじめを次のように定義している。「いじめとは、同一集団内の相互作用過程において優位に立つ一方が、意識的に、あるいは集合的に他方に対して精神的・身体的苦痛を与えることである」（森田・清永、1994、p.45）。

　森田の定義では、いじめの主要な構成要素として以下の点が挙げられている。第一に、同一集団内に属する成員間で起こる関係内攻撃であること。第二に、いじめる側といじめられる側との間に何らかの「力の資源」の差に基づく優劣があること。第三に、いじめる側には標的とした相手に苦痛を与えようとする意図や動機が存在すること。そして第四に、積極的あるいは暗黙的にいじめる側を支持する観衆や傍観者の存在があることである。

　森田による定義は、いじめを「系統的（意図的・継続的）な力の乱用（systematic abuse of power）」（Smith & Sharp、1994）と定義した英国

の研究者や、「関係性の問題（relation problems）」（Pepler、2006）と捉えたカナダの研究者の見解に先駆するものであり、社会文化的背景によって表出される行動やその行動を説明する定義が微妙に異なるいじめ行為にあって、その本質部分を的確に捉えたものといえよう（戸田、2018）。しかしながら、本定義はあくまでも研究のための操作的定義である。近年は、日本の学校現場においていじめ問題と向き合い、予防・対応に向けた取組を行う際には、「いじめ防止対策推進法」（平成25年法律第71号）に基づく幅の広い定義が用いられている。

　日本の公的ないじめの定義は、文部科学省（旧文部省。以下、「文科省」と略）によって定められており、これまでに三度の改訂が行われている（**表1**）。最初の定義は、学校におけるいじめが原因と考えられる児童生徒の相次ぐ自死事件によっていじめが社会問題化した昭和60（1985）年に、「児童生徒の問題行動等生徒指導上の諸問題に関する調査」（以下、「文科省調査」）に初めて「いじめ」に関する調査項目が加えられたことに合わせて示された。以降、いじめ問題に対する社会的関心の第二のピークといわれる平成6（1994）年、そして第三のピークといわれる平成18（2006）年にそれぞれ定義が改訂されている。現時点の最新の定義は、平成25（2013）年に成立・施行された「いじめ防止対策推進法」第2条によって規定されている。

　最初の定義では、いじめを、①いじめる側といじめられる側の力の優劣、②行為の継続性（あるいは反復性）、③いじめられる側の深刻な被害感情、そして④学校の認知という四つの構成要素で説明している。これらのうち①と②は、先に示した森田らの定義をはじめ、国内外の多くの研究者による定義においても共通にみられるものである。一方で、④の学校の認知については、いじめはそもそも教師などの目の届かないところで行われることが多いことや、いじめられている側の児童生徒がその事実を教師や親に伝えることは簡単なことではないなどの理由から、学校が認知している案件だけを「いじめ」とすることに対して大きな批判が集まり、平成6年の改訂時に削除された。その代わりに、「いじめに当たるか否かの判断は表面的・形式的に行うことなく、いじめられた児童生徒の立場に立って行う

表 1　いじめの定義の変遷

年度	定義
S60 (1985)	「いじめ」とは、「①自分より弱いものに対して一方的に、②身体的・心理的な攻撃を継続的に加え、③相手が深刻な苦痛を感じているものであって、学校としてその事実（関係児童生徒、内容等）を確認しているもの。なお、起こった場所は学校の内外を問わないもの」とする。
H6 (1994)	「いじめ」とは、「①自分より弱いものに対して一方的に、②身体的・心理的な攻撃を継続的に加え、③相手が深刻な苦痛を感じているもの。なお、起こった場所は学校の内外を問わない。」とする。 　なお、個々の行為がいじめに当たるか否かの判断を表面的・形式的に行うことなく、いじめられた児童生徒の立場に立って行うこと。
H18 (2006)	個々の行為が「いじめ」に当たるか否かの判断は、表面的・形式的に行うことなく、いじめられた児童生徒の立場に立って行うものとする。 　「いじめ」とは、「当該児童生徒が、一定の人間関係のある者から、心理的、物理的な攻撃を受けたことにより、精神的な苦痛を感じているもの。」とする。なお、起こった場所は学校の内外を問わない。 （注 1）「いじめられた児童生徒の立場に立って」とは、いじめられたとする児童生徒の気持ちを重視することである。 （注 2）「一定の人間関係のある者」とは、学校の内外を問わず、例えば、同じ学校・学級や部活動の者、当該児童生徒が関わっている仲間や集団（グループ）など、当該児童生徒と何らかの人間関係のある者を指す。 （注 3）「攻撃」とは「仲間はずれ」や「集団による無視」など直接かかわるものではないが、心理的な圧迫などで相手に苦痛を与えるものを含む。 （注 4）「物理的な攻撃」とは、身体的な攻撃のほか、金品をたかられたり、隠されたりすることなどを意味する。 （注 5）けんか等を除く。
H25 (2013)	「いじめ」とは、「児童生徒に対して、当該児童生徒が在籍する学校に在籍している等当該児童生徒と一定の人的関係のある他の児童生徒が行う心理的又は物理的な影響を与える行為（インターネットを通じて行われるものも含む。）であって、当該行為の対象となった児童生徒が心身の苦痛を感じているもの。」とする。なお起こった場所は学校の内外を問わない。 　「いじめ」の中には、犯罪行為として取り扱われるべきと認められ、早期に警察に相談することが必要なものや、児童生徒の生命、身体、又は財産に重大な被害が生じるような、直ちに警察に通報することが必要なものが含まれる。これらについては、教育的な配慮や被害者の意向への配慮の上で、早期に警察に相談・通報の上、警察と連携した対応をとることが必要である。

（出典：文部科学省「いじめ定義の変遷」を一部改変）

こと」と、いじめられた側の児童生徒に寄り添う姿勢が示された。

　さらに、平成 18（2006）年改訂以降の定義では、それ以前の定義においていじめの構成要素として挙げられていた「力の差による優劣」、「行為の継続性／反復性」、「被害の深刻さ」を示す文言は全て削除され、代わりに「一定の人間関係のある者から」という、いじめを既存の関係性の中で起こる「関係内攻撃」であることを表す文言が追加された。

　平成 24 年度のいじめ防止対策推進法によって規定された定義も内容的には概ね平成 17 年度の定義を踏襲したものとなっているが、平成 17 年度

の定義において「心理的・物理的な攻撃」とされていた文言は、「心理的または物理的な影響を与える行為（インターネットを通じて行われるものも含む。）」となり、「精神的な苦痛」は「心身の苦痛」へとそれぞれあらためられた。また、いじめの範疇を超えた犯罪行為として取り扱うべき事案の存在と、そうした事案に対する警察等の外部専門機関との連携による対応の必要性についても新たに言及されている。

　いじめ防止対策推進法により定められた定義で特に注目すべきは、「いじめの芽」と言われるような、それまでの定義ではいじめと判断されにくかった行為も「いじめ」と認知するよう改訂が行われたことである（**図1**）。例えば、二者による双方向の攻撃行動である「けんか」は、これまでは「一方向性」といういじめの規定要素に合致しないことから「いじめ」とは明確に区別されてきた。

　ところが、いじめ防止対策推進法成立後は、「一般に『けんか』と捉えられる行為（一定の人的関係のある児童生徒間でなされるもの）は、なんらかの心身の苦痛を生じさせるものが多く、それらは法に基づきいじめと認知される。いじめと認知することを要しない『けんか』は、極めて限定的である」（文科省、2016）と説明されている。

　この結果、学校や教師からは、より多くの事案への対応を求められることによる多忙感に加え、教職員間、さらには保護者等の関係者との間における定義の解釈や運用に関わる共通理解の困難さを指摘する声も少なくない。総務省による「いじめ防止対策の推進に関する調査（以下、総

図1　社会通念上のいじめと法律上のいじめの概念図
（出典：文部科学省（2013）「いじめ防止対策推進法」をもとに作成）

務省調査）」（総務省、2018）では、こうした学校現場からの声が反映された結果が示されている。児童生徒の自死等の重大事態 66 事案に関する分析においては、いじめの認知の判断が、法のいじめの定義とは異なる、従来の「一方向性」「継続性」「集団性」等の要素を用いることで限定した解釈に基づいてなされた結果、いじめとして認知されなかったものが 37 事案（56%）に上ったことが報告されている。

　また 20 県教育委員会、40 市教育委員会、および 249 小・中・高等学校を対象とした調査においても、いじめの定義を限定解釈していると考えられる例が 249 校中 59 校（24%）でみられ、実際の事案においても、定義の限定解釈によっていじめと認知されなかった例が 32 校 45 事案（12%）あったことが報告されている（総務省、2018）。

　こうした結果は、法に基づく定義が未だ各教職員に十分に浸透していないことの表れといえよう。本定義が、一般に「いじめ」と認知されないような些細な行為であっても、見過ごされ、被害が継続すれば、時に自殺等の重大な事態にまで深刻化してしまうことがあるという事実を踏まえ、そうした重大事態に陥る前に、ごく初期の軽微な行為の段階で事態を把握し、適切に対応することの重要性を示したものであることを今一度、関係者全員が十分に理解しなければならない（文科省、2016）。

（2）いじめの四層構造論と深刻化のプロセス

　いじめが既存の人間関係に基づいて行われる「関係内攻撃」であることは、先述の森田ら（1994）による定義や、いじめ防止対策推進法に規定された定義によって示したとおりである。またこのことは、国外においても同様に理解されている。例えば、2007 年にスイスのカンダーステッグで行われたいじめ予防のための国際会議「The Joint Efforts Against Victimization Conference in Kandersteg（いじめ被害に対する共同努力会議）」における共同宣言の中で、いじめは *a form of aggression, involving the abuse of power in relationships*（「関係性の中で起こる力の乱用を伴う攻撃行動の一形態」）（下線は著者による）と定義されている（Kandersteg Declaration Against Bullying in Children and Youth、2007）。

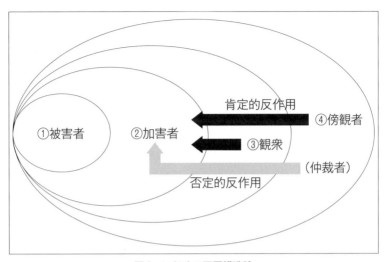

図2　いじめの四層構造論
（出典：森田・清永（1994）『いじめ─教室の病い』をもとに作成）

　森田ら（1994）は、このいじめを取り巻く人的関係性について、いじめ
を集団構造の観点から捉え、いじめられている子どもを中心に、その周囲
にいじめている子どもたちが、またさらにその周囲には、いじめを見て楽
しんでいる観衆層の子どもたちが、そしてさらにその外側にはいじめに関
わるのを避け、見て見ぬ振りをしている傍観者層の子どもたちがいるとい
う「いじめの四層構造論」を提唱し（**図2**）、これが多くの研究者の研究の
前提になっている。

　森田らは、私たちが行う種々の社会行動について、それが望ましい行動
であれば、その行いを是認し、称賛するという肯定的な反作用が、また望
ましくない行動であれば、それを否認し、抑止しようとする否定的な反作
用が周囲の者たちから示されることによって社会集団の秩序が保たれると
説明している。この主張に従えば、いじめや非行、犯罪といった逸脱行動
は、一般に望ましくないとされる行動であることから、正常な社会の反応
としては、それを否認し、抑止しようとする否定的な反作用が示されなけ
ればならない。

　いじめの場面において当該行為に対する是認や否認といった反作用を示
す担い手は、いじめている子やいじめられている子を取り巻く周囲の子ど

もたちである。学級内でいじめが起こったときに、もし誰もそのいじめを
非難したり、抑止しようとしたりしないのであれば、それはいじめ行動に
対する反作用力が衰えた学級集団であり、優先的な介入が必要である。観
衆層や傍観者層の子どもたちが、積極的に、あるいは暗黙的に、いじめ行
動に対して肯定的な反作用を示せば、いじめている側の子どもたちは自分
たちの行動が承認されていると受け止め、いじめ行動をますます深刻化さ
せていく可能性が高まると考えなければならない。それは同時に、学級集
団がいじめを肯定する方向でまとまっていくプロセスともいえよう。

　中井（1997）は、自身のいじめられた経験をもとに、いじめの被害が深
刻化していくプロセスを生々しく、かつ分析的に抽出している。それをま
とめると以下のようになる。

　孤立化：誰かがマークされたことを周知させる標的化に続き、いじめら
　れる側がいかにいじめられることに値するかの PR 作戦がなされる。
　無力化：この段階で暴力を集中的に振ることと、「告げ口」への制裁や
　内心の反抗への制裁などにより、被害者を「進んで、自発的に隷従」さ
　せ、加害者は快い権力を感じる。無力化が完成すれば、後は、暴力を使
　うという脅しで屈服させることができる。
　透明化：この段階では、被害者は、次第に自分の誇りを自分で掘り崩し
　てゆく。そして、一部は傍観者の共謀によって、そこにあるいじめが
　「見えない」。加害の予見不可能性の演出や、時に加害側に立たせること
　による純粋被害者という立場の剥奪、搾取した金品の浪費や廃棄などに
　より、被害者はさらに自己卑下に陥り、加害者との関係から逃げられな
　くなる。このような心理操作により、被害者を囲む壁は透明ではあるが
　眼に見える鉄条網よりも強固になる。

　いじめの構造は、このようなプロセスの中で形成され、事態が深刻化す
るのである。

　一方、この四層構造の中で、いじめている側の子どもたちに対して勇気
を出して「いじめはダメ」「いじめは止めたほうがいい」などと訴えたり、

標的とされた子どもに寄り添って励ましたり、慰めたりするなど、いじめ行為に対して否定的な反作用を示す子どもが現れる場合がある。森田らはこうした役割を担う子どもたちを「仲裁者」と呼んでいる。この仲裁者の示すいじめに対する否定的な態度に周囲の子どもたちが同調し、さらには学級全体へとその意識が波及することで、学級内にいじめ行動に対する否定的な規範が形成され、いじめが起こりにくい、あるいは起こっても深刻化しにくい学級となる。

　中井（1997）は、いじめる側の子どもたちについて、「加害者が傍若無人なのはみせかけであって、加害者は最初から最後まで世論を気にしている」（p.13）と述べている。つまり、周囲の子どもたちがいじめを支持あるいは黙認するのではなく、共同で目の前のいじめに対して「NO！」という否定的反作用を突きつけることで、いじめている側の子どもたちに、誰もそのいじめを支持していないことを明確に伝えることが重要であり、そうした規範意識が醸成される学級運営が求められている。

（3）いじめの加害・傍観の動機

　「いじめは悪い」、「いじめは許されない」といった命令的規範は、大人だけでなく、実は多くの子どもたちの間でも共有されている。また、いじめ行為そのものの不適切さのみならず、そうした行為をする子どもの不適応的な側面に関するステレオタイプ的な見解は古くから人々の中にごく一般的な認識として存在しており、実際に多くの研究がそうした経験則に基づく認識を支持している。例えば、いじめをする子は、「共感性に乏しく他人の気持ちがわからない」（Randall、1997）、「社会的スキルに欠けている」（Crick & Dodge、1999）、「自尊感情が低い」（O'Moore & Kirkham、2001）などである。

　一方で、Smith（2014）は、「いじめをする子は不適応」という認識は、いじめの真実を一側面からのみ捉えたものであり、多くの場合は議論を間違った方向へと導くものと警鐘を鳴らす。Smith は、少なくともいじめをする子の一部は、社会的状況を的確に判断し、周囲の人間を巧みに操作しながら、自身の欲求や目標・目的の達成、さまざまな報酬の獲得のために実に適応的に行動していると主張している。いじめる行為によっていじめ

ている側が得る報酬とは、例えば、相手から得る金品（物理的報酬）、周囲の子どもたちからの敬意や尊敬、支配力や地位の向上（社会的報酬）、あるいは自尊心や有能感の向上（心理的報酬）などである（Smith、2014）。同様の主張は Salmivalli, Kärnä, & Poskiparta（2010）にもみられる。いじめっ子が示す種々の不適応性だけでは、なぜ他の問題行動ではなく「いじめ」に向かうのかが説明できないとし、いじめをする子は、自身の問題や自尊感情の低さを補える力・支配・特権を仲間の中で得る手段としていじめを用いていると主張している。これらの主張は、いじめをする側が特定の状況下において、状況に適応的に行動しているという事実を指摘している。こうした報酬に関しては、いじめを中心的に行っている子どもたちだけでなく、その周辺でいじめる子を支援している子どもたちも、そのおこぼれに預かっていることは想像に難くない。

　Schuster（1999）は、学級内でいじめが起こっても、周囲の子どもたちが傍観してしまう理由について「スケープゴート理論」を用いて説明している。Schuster によると、学級集団では、特定の子どもが合理的な理由なく「いじめられっ子」というレッテルを貼られ、一時的あるいは継続的に、あらゆる敵意の対象とされることで、他の子どもたちが被害者にならないでいられるようなスケープゴート化が広く起こっているという。スケープゴート化の背景には、自分自身がいじめの標的にならずにすむ安心感や、いじめ行為を手段とした学級集団の凝集性の向上などが推測される。また Sawada, Kanetsuna, & Toda（2014）は、自身が何らかの否定的な感情を抱いている個人がいじめの標的とされたときには、自分自身が直接手を下さずとも、その個人に対するいじめを傍観することが、自身の否定的感情の発散の代替手段として機能することを明らかにし、こうした個人においては、加害側への積極的あるいは暗黙的な支援がより促進されることを指摘している。

　Kanakogi ら（2017）は、水色の球体が黄色の球体を攻撃している動画を視聴した6カ月児が、そこに割り込まなかった赤色の立方体ではなく、割り込んだ緑の立方体と同じぬいぐるみに手を伸ばした結果を示し、続く一連の実験によって、それが、介入行為を攻撃者から犠牲者を守る行為で

あると認識しているためであることを明らかにしている。これは、6カ月児が制止者を選好した結果と考えられよう。ところが森田（2001）は、日本の中学生は、イギリスやオランダと比べて、高学年ほどいじめの仲裁者の比率が減ることを明らかにしている。つまり課題は、もともと子どもたちの中に備わっているはずの利他的な傾向性を教育が生かせるかどうかにあると考えられよう。「いじめは絶対に許されない」といくら主張したところで、彼らは簡単には目先の報酬を諦めてはくれない。むしろいじめをしないことや、いじめを仲裁することで得られるより大きな報酬（例えば、社会的・道徳的価値の獲得や周囲からの高評価）や、いじめを続けることで自身が向きあわなければならなくなる代償（他者からの否定的な評価・評判）に目を向けさせる方略が必要であろう。

（4）いじめの実態と様相

❶ いじめの認知件数

　文科省（旧文部省）は、1985年度の「文科省調査」に初めていじめに関連した項目を加え、全国の小・中・高等学校および特別支援学校（1994年度調査より）を対象に、いじめの実態把握を始めた。いじめ防止対策推進法が施行された2013年度から最新の2018年度までの結果を**図3**に示した。これによると、2013年度以降、いじめの認知件数は年々増加していることがわかる。最新の2018年度調査においては、小・中・高等学校および特別支援学校を合わせてその数は543,933件（前年度414,378件）に上っている。さらに学校種別に見ると、小学校で425,844件（前年度317,121件）、中学校で97,704件（前年度80,424件）、高等学校で17,709件（前年度14,789件）、特別支援学校で2,676件（前年度2,044件）と、いずれの学校種においても2013年度より継続して増加しているが、特に小学校においては、2013年度から307,096件増加しており、前年度と比べても108,723件の増加とその傾向は最も顕著である。

　こうした状況は、マスコミ報道等でも「いじめ認知件数50万件超え　過去最多に！」などのセンセーショナルな見出しとともに伝えられ、実情をよく知らない人たちの中には、学校におけるいじめ問題はますます増加・深刻化しているにもかかわらず、学校や教育委員会はいったい何をしてい

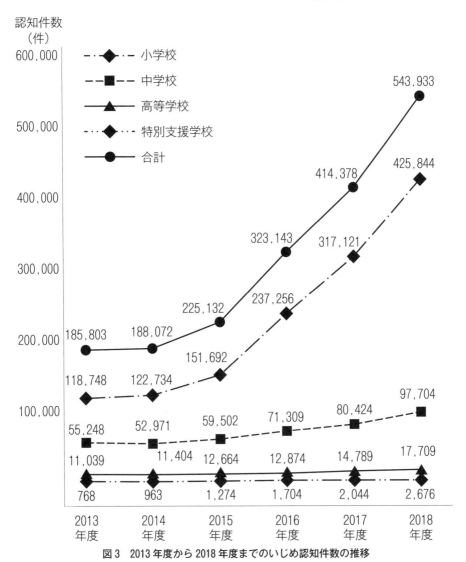

認知件数
（件）

600,000

- 小学校
- 中学校
- 高等学校
- 特別支援学校
- 合計

543,933

500,000

425,844

414,378

317,121

400,000

323,143

300,000

237,256

225,132

200,000

185,803　188,072

151,692

118,748　122,734

97,704

100,000

55,248　52,971　59,502　71,309　80,424

11,039　11,404　12,664　12,874　14,789　17,709

768　963　1,274　1,704　2,044　2,676

2013
年度　2014
年度　2015
年度　2016
年度　2017
年度　2018
年度

図 3　2013 年度から 2018 年度までのいじめ認知件数の推移

（出典：文部科学省、2019）

るのかと怒りを訴える書き込みも少なくない。しかしながら、国立教育政策研究所の滝（2011）は、2006 年度調査より、それまでの「発生件数」から「認知件数」へと調査対象とする数値に対する評価の観点があらためられたことを指摘し、認知件数の増加は、学校や教員が、法が定めるいじめ

の定義を適切に理解し、それまでいじめとして認知してこなかった事案にまで積極的に認知・対応しようとした結果であると肯定的に理解すべきと主張している。さらに認知件数の多寡にばかりこだわることは、ともすれば目の前の「いじめの芽」を見過ごすことにもつながりかねないと警鐘を鳴らしている。

　国立教育政策研究所（2016）によるいじめ追跡調査の結果によると、暴力を伴わないいじめ（無視・仲間はずれ・陰口）については、小学校4年生から中学校3年生までの6年間、被害・加害のいずれにも関与した経験が全くない児童生徒はわずか1割程度であり、多くの子どもたちは、入れ替わりいじめの被害や加害を経験しているという。この結果は、まさに「いじめはどの子どもにも、どの学校・学級でも、起こり得る」（文科省、2013）問題であることを端的に示すものであり、その事実を前提として、軽微ないじめの芽も積極的に認知し、個々の事案に適切に対応することが、いじめの予防・対応において不可欠であることを示すものであろう。

❷ いじめの態様

　2018年度文科省調査におけるいじめの手口別の認知件数を**表2**に示した。小・中・高等学校および特別支援学校のいずれにおいても、最も多いのは「冷やかしやからかい、悪口や脅し文句、嫌なことを言われる」といった口頭による攻撃で全体の5～6割を占めている。小・中学校および特別支援学校においては、次いで、「軽くぶつかられたり、遊ぶふりをして叩かれたり、蹴られたりする」という軽度暴力が1～2割、「仲間はずれ、集団による無視をされる」といった関係性攻撃が1割程度であった。一方、高等学校においては、近年問題視されている「パソコンや携帯電話等で、ひぼう・中傷や嫌なことをされる」といういわゆる「ネットいじめ」が、19.1％と他の校種と比べて高い値となっており、注意が必要である。ネットいじめの特徴と予防・対応については次項で詳しく説明する。

❸ いじめの発見

　先述のとおり、いじめ対応の第一歩は、いじめがまだ軽微な「芽」の段階で把握し、適切に対応することである。**表3**に2018年度文科省調査における「いじめ発見のきっかけ」の結果を示した。いずれの校種において

表 2　いじめの手口別認知件数

区分	小学校	中学校	高等学校	特別支援学校	計
冷やかしやからかい、悪口や脅し文句、嫌なことを言われる	264,102 62.0%	64,864 66.4%	10,871 61.4%	1,433 53.6%	341,270 62.7%
仲間はずれ、集団による無視をされる	59,068 13.9%	12,200 12.5%	2,755 15.6%	167 6.2%	74,190 13.6%
軽くぶつかられたり、遊ぶふりをして叩かれたり、蹴られたりする	100,103 23.5%	13,787 14.1%	1,812 10.2%	609 22.8%	116,311 21.4%
ひどくぶつかられたり、叩かれたり、蹴られたりする	24,713 5.8%	4,422 4.5%	719 4.1%	169 6.3%	30,023 5.5%
金品をたかられる	4,285 1.0%	1,012 1.0%	360 2.0%	43 1.6%	5,700 1.0%
金品を隠されたり、盗まれたり、壊されたり、捨てられたりする	23,438 5.5%	5,476 5.6%	891 5.0%	134 5.0%	29,939 5.5%
嫌なことや恥ずかしいこと、危険なことをされたり、させられたりする	34,243 8.0%	6,643 6.8%	1,090 6.2%	169 7.3%	42,172 7.8%
パソコンや携帯電話等で、ひぼう・中傷や嫌なことをされる	4,606 1.1%	8,128 8.3%	3,387 19.1%	213 8.0%	16,334 3.0%
その他	18,801 4.4%	3,214 3.3%	978 5.5%	229 8.6%	23,222 4.3%
認知件数合計 （前年度）	425,844 (317,121)	97,704 (80,428)	17,709 (14,789)	2,676 (2,044)	543,933 (414,378)

＊上段：件数、下段：構成比

（注1）複数回答可とする。

（注2）構成比は、各区分における認知件数に対する割合

（出典：文部科学省、2019）

表3　いじめ発見のきっかけ

区分	小学校		中学校		高等学校		特別支援学校	
	件数	構成比	件数	構成比	件数	構成比	件数	構成比
学校の教員が発見	**295,536**	**69.4%**	**52,290**	**53.5%**	**10,676**	**60.3%**	**1,841**	**68.8%**
1　学級担任が発見	46,457	10.9%	9,926	10.2%	999	5.6%	534	20.0%
2　学級担任以外の教職員が発見	5,676	1.3%	6,093	6.2%	583	3.3%	108	4.0%
3　養護教諭が発見	1,207	0.3%	779	0.8%	134	0.8%	3	0.1%
4　スクールカウンセラー等の相談員が発見	500	0.1%	293	0.3%	49	0.3%	2	0.1%
5　アンケート調査など学校の取組により発見	241,696	56.8%	35,199	36.0%	8,911	50.3%	1,194	44.6%
学校の教職員以外からの情報により発見	**130,308**	**30.6%**	**45,414**	**46.5%**	**7,033**	**39.7%**	**835**	**31.2%**
6　本人からの訴え	69,961	16.4%	24,560	25.1%	4,407	24.9%	489	18.3%
7　当該児童生徒（本人）の保護者からの訴え	41,201	9.7%	13,511	13.8%	1,575	8.9%	194	7.2%
8　児童生徒（本人を除く）からの情報	12,837	3.0%	5,267	5.4%	786	4.4%	100	3.7%
9　保護者（本人の保護者を除く）からの情報	5,209	1.2%	1,653	1.7%	167	0.9%	23	0.9%
10　地域の住民からの情報	318	0.1%	108	0.1%	4	0.0%	1	0.0%
11　学校以外の関係機関からの情報	548	0.1%	168	0.2%	39	0.2%	25	0.9%
12　その他	234	0.1%	147	0.2%	55	0.3%	3	0.1%

（出典：文部科学省、2019）

も、「学校の教員が発見」した割合（小：69.4%、中：53.5%、高：60.3%、特支：68.8%）が、「学校の教職員以外からの情報により発見」した割合（小：30.6%、中：46.5%、高：39.7%、特支：31.2%）を上回っている。このことは、学校によるいじめの早期発見に向けた努力の表れと肯定的に捉えることができよう。しかしながら一方で、その内訳を見ると、学校の教職員による発見の大半は「アンケート調査など学校の取組により発見」（小：56.8%、中：36.0%、高：50.3%、特支：44.6%）されたものであり、学級担任や学級担任以外の教職員が発見した割合は1割程度にとどまる。文科省（2017）によるいじめ防止等のための基本的な方針においては、児童生徒のささいな変化に気づく力、すなわち、いじめに対する感度を高め

ることの重要性が指摘されている。

　繰り返しになるが、そもそもいじめは大人が気づきにくく、判断しにくい形で行われるものである。そのことをしっかりと認識し、たとえささいな兆候であっても、いじめではないのかとの疑いをもって、早い段階における積極的な認知と、適切な介入が望まれる。

　一方、「学校の教職員以外からの情報により発見」の内訳を見ると、「本人からの訴え」が最多（小：16.4％、中：25.1％、高：24.9％、特支：18.3％）で、次いで「保護者からの訴え」（小：9.7％、中：13.8％、高：8.9％、特支：7.2％）となっている。従来、いじめの被害者の多くは誰にも相談できずにいることが種々の調査で明らかとされている中、本人からの訴えによる発見が少なからずあることは、学校におけるいじめの早期発見のための取組が被害児童生徒の積極的な被害の訴えへとつながっている可能性を示唆するものと言えるが、先のアンケート調査による報告と比べるとまだまだ少数である。いじめに関わる相談や報告を受けるための組織の編成およびその窓口の周知徹底など、学校を中心に、家庭、地域および関係機関等との連携による相談機能の充実・整備が急務である（文科省、2017）。

2　ネットいじめとインターネット問題

（1）ネット利用の態様

　近年、携帯電話やスマートフォン（以下、スマホ）などの携帯型通信機器は急速な発展と普及を遂げ、インターネット（以下、ネット）の世界は児童生徒にとってもかつてないほど身近なものとなった。そこでは現実社会における年齢や社会的立場、性別や肩書などによる制約も少なく、誰もが気軽に情報を共有・交換し、自由なコミュニケーションを享受しているようにみえる。しかしながら、情報の適切な利用や内容の真偽等の判断が未熟な子どもたちは、今日大きな問題となっているネットいじめをはじめ、ネットやオンラインゲームへの過度な依存や課金、LINE や Twitter などのソーシャル・ネットワーキング・サービス（以下、SNS）上での炎上投

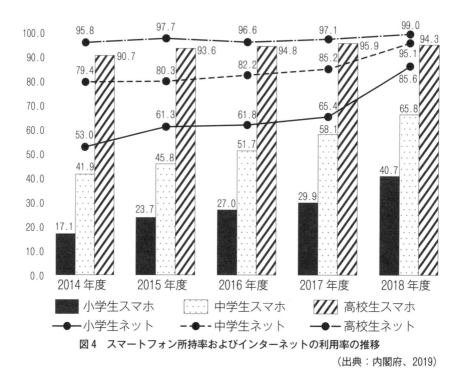

図4　スマートフォン所持率およびインターネットの利用率の推移

（出典：内閣府、2019）

稿や炎上加担、他者への誹謗中傷や個人情報の拡散、売春やリベンジポル
ノなどの性犯罪や、ネット上のやりとりをきっかけとした暴力犯罪への巻
き込まれなど、多くのリスク事態に予備知識も乏しく、無自覚なままに晒
されている。

　内閣府が毎年行っている「青少年のインターネット利用環境実態調査」
（以下、内閣府調査）によると、例えば小学生のスマホ利用率は、2014年度
時点で17.1％であったものが2018年度には40.7％と2.5倍近く増加して
いる（図4）。一方で、従来型の携帯電話の所持率は、10.8％から2.4％へ
と四分の一程度にまで半減しており、児童の間でも急速な"スマホ化"が
進んでいることが示されている。また、携帯電話やスマホを含む全ての通
信機器による児童のネットの利用率を見ると、2014年度は53％であった
ものが2018年度には85.6％と確実に増加している。

　同調査による児童生徒のネット上での活動状況については、動画視聴が

約78.6%と最多であり、ゲームが76.4%、コミュニケーションが65.5%と続いていた。学校種別に最も利用の多いスマートフォンによる利用状況を見ると、小学生ではゲーム（76.2%）、中・高校生では、コミュニケーション（それぞれ76.2、89.9%）が最多であり、また性別による違いを見ると、男子ではゲームが、女子ではコミュニケーションが、それぞれ高い値を示していた。これらの結果は、今日の児童生徒が他者とのコミュニケーションや余暇の個人的なエンターテイメント活動の多くをネットを介して行っており、今やスマホやネットが生活の一部になりつつある現状を示しているといえよう。

（2）ネット上での否定的経験

　今日、多くの児童生徒がネット上でさまざまな活動を行っていることは前述のとおりであるが、その活動は否定的な経験をもたらすことも少なくない。先に紹介した内閣府調査によると、児童生徒がネット上で経験した否定的な出来事のうち最も多いのは「ネットにのめり込みすぎたことにより睡眠不足になったり、勉強に集中できなかった」ことであった。次いで多いのは、「自分の知らない人やお店などからメッセージが来た」や「迷惑メッセージやメールが送られてきた」など、望んでいない相手からのメッセージやメールの受信が挙げられている。さらに割合こそ低いものの、「悪口や嫌がらせのメッセージやメールを送られたり、書き込みされた」というネットいじめを示唆する回答も挙げられている。また「親に話しにくいサイトを見たことがある」や「プライバシーを侵害したり差別的な内容が掲載されているサイトにアクセスすることがある」など、不適切なサイトへのアクセスも少数ながらみられた。このことは、ネットの世界では、未成年者でも何の制限もなく、不適切なサイトに自由にアクセスできてしまう危険と隣り合わせであることの再認識を迫るものであろう。

　児童生徒のスマホ所持率やネット利用率が年々増加傾向にある一方で、保護者や教員など周囲の大人たちが子どもたちのネット上での活動内容を詳細に把握することは非常に困難である。そのため、子どもたちが先述のようなリスクに無自覚に接近してしまうことも少なくない。子どもたちのリスクへの接近の危険性を少しでも軽減するためには、大人の側が子ども

たちの利用実態の把握に努めることも重要であるが、子どもたち自身が
ネット上で遭遇する可能性のあるリスクについて正しい知識を身につけ、
学校や家庭内においてネットやスマホの利用に関わるルールづくりをする
など、児童生徒自らが自律的かつ適切に利用できるよう指導支援すること
も重要である。

（3）ネットいじめの態様

　ネット利用の際のリスクの中でも、多くの児童生徒にとって最も身近な
リスクの一つが、ネットいじめである。ネットいじめは、先述のいじめ防
止対策推進法では、「一定の人的関係のある他者に対するインターネット
を通じた否定的な影響を与える行為」と規定されている。日本において
ネットいじめが最初に注目されたのは、「学校非公式サイト（通称、学校裏
サイト）」と呼ばれるオープンなネット掲示板上での、児童生徒間の誹謗中
傷等の書き込みであった（文科省、2008）。今日のネットいじめは、いわゆ
る"ともだち"機能によってつながった利用者が相互に情報を発信したり
閲覧したりする、一応は閉じられた SNS サイトにその舞台を広げており、
大人の監視が届きにくくなっている。その中でのいじめの手口は、従来の
ものに加えて、なりすまし行為、動画像や個人情報の無断掲載や拡散、
ネット上での仲間外しなど多岐にわたる。こうした SNS サイト上でのい
じめは、相互に既知の間柄で行われることが多いことから、従来型の対面
状況におけるいじめとの重複性や順次性（例えば、従来型のいじめから
ネットでのいじめへの遷移）にも注意が必要である。

　2018 年度文科省調査によれば、「パソコンや携帯電話等でひぼう・中傷
や嫌なことをされる」という、いわゆるネットいじめがいじめ全体の認知
件数に占める比率は、小学校では 1.1％と少ないが、中学校で 8.3％、高校
で 19.1％であり、特に高校では口頭による攻撃に次いで高い比率になって
いる。また小学校ではいじめ全体の認知件数からすると、ネットいじめの
占める割合はまだまだ低いようにも思えるが、認知件数自体がここ 5 年間
で倍増していることを考えると、決して安心してよい状況ではない。

　いじめ研究で著名なロンドン大学のピーター・K・スミス（Smith、
2012）は、仮に SNS 上での悪質な書き込みなどの加害行為が一度きり

だったとしても、ネットの特性上その書き込みは長期にわたって繰り返し多くの人間の目に晒されることになり、結果的に被害は繰り返されることになると主張している。ネットいじめは、単純に被害や加害の認知件数やその多寡だけで被害の深刻さを測ることはできないため、その影響や深刻さを過小評価すべきではないと警告している。

（4）ネットの特性とその影響

❶ 匿名性の影響

先のスミスの指摘にもあるように、ネットいじめを含むネットトラブルの背景には、現実世界とは異なるネット世界特有の性質があることが知られている。小野・斎藤（2008）は、従来型いじめとは異なるネットいじめ独自の特徴として、①匿名性、②アクセシビリティ、③傍観者性の 3 点を挙げている。

ネット世界の匿名性については、Morio & Buchholz（2009）が、相手を視覚的に確認できない状態という最も低次かつ基本的な「視覚的匿名性（非対面性）」から、ネット上のアイデンティティと現実世界のアイデンティティとが切り離されている状態である「アイデンティティの乖離」、そして現実世界とネット世界のいずれにおいても相手を特定、あるいは識別することが不可能な状態という最も高次で匿名性の高い状態である「識別性の欠如」まで 3 段階に分けて階層的に説明している。

第一段階である視覚的匿名状態は、今日の児童生徒間のネットいじめやネットトラブルの中心的な場の一つとなっている LINE 等の無料通信アプリによるコミュニケーションがその代表である。すなわち、コミュニケーションの相手が誰かは認識できているけれども、その本人が目の前にいるわけではなく、視覚的には本人の姿が確認できないという状態である。このような状況下においては、次に述べる三つの心理的影響が考えられる。一つ目の影響は、コミュニケーションの相手が本当に自身が想定している人物本人なのかどうかがわからないことである。

これは、いわゆる「なりすまし」被害に関わる問題である。例えば、自身が名のっているネット上のニックネームを別の誰かが意図的に名のって不適切な発言をしたり、自身の名前で身に覚えのないサイトが勝手に立ち

上げられていたり、あるいは全く知らない他人が同級生や知人の振りをして自分に近づこうとしてくることなどによる被害が考えられよう。前の二つの例では、周囲の者には、その言動を行っているのが本人なのか、それとも当該人物になりすました全くの別人なのかの判断はできない。また三つ目の例でも、別の手段で相手に本人確認をしない限り相手の正体について100％の確信はもてない。相手の顔が見えないという状況においては、たとえそれが友人を名のる人物であっても、安易に相手を信頼することが時に危険を伴うことを理解しておかなければならないのである。

　二つ目の影響は、相手の表情や身振り手振り、声のトーンや大きさなど、対面状況下のコミュニケーションでは当たり前に存在する、いわゆる非言語的手がかりが全くといってよいほど介在しないということである。コミュニケーションにおける非言語的手がかりの欠如は、自身の感情の発信や、相手の感情の読み取りといった感情の相互交換を難しくさせることが知られている（深田、1998）。このことにより、話し手の意図と、聞き手の解釈との間にズレが生じやすくなり、時に誤解や勘違いの原因となる。対面状況であれば、そもそもこのような非言語的手がかりの不足による誤解や勘違いが生じることは多くはなく、仮に生じても即座に相手に対して弁解したり、謝罪したりすることが可能である。一方ネット上の場合、そうした弁解や謝罪の機会も与えられないまま、あるいは発言した本人すら自覚のないまま、報復として陰口を言われたり、突然グループから仲間外しをされたりするなど、いじめのきっかけとなることも少なくない。このような感情的コミュニケーションの難しさを補う目的で、絵文字や顔文字、最近ではスタンプと呼ばれる感情伝達のためのツールが開発され広く利用されている。しかし、こうしたツールでさえ時として相手を欺く目的で使われてしまうこともあるため注意が必要である。

　三つ目は、コミュニケーションの相手から受ける社会的インパクトが小さいことである。社会的インパクトとは、個人が他者から受ける対人的な衝撃、あるいは影響の強さを表すものであり、社会心理学者のラタネ（Latané, B.、1981）によって提唱された概念である。ラタネによると、個人が他者から受ける影響の強さは、①相手の社会的地位や勢力、②相手と

の空間的、時間的な接近度、そして③相手の人数の三つの要素によって決まるという。すなわち、相手が目の前にいないという視覚的匿名状況は、少なくとも二つ目の要素である「相手との空間的な接近度」によるインパクトを非常に小さいものにする。これに加えて、さらに高次の匿名状況である場合、一つ目の要素である「相手の年齢や社会的地位」も不明確となり、相手から受ける心理的影響はさらに小さいものになる。この社会的インパクトの減少は、対人的な緊張感を低下させ、ひいては相手に対する配慮や気遣いの欠如につながると考えられる。

　ここまで挙げたネット上の匿名性に関わる三つの影響要因とネット上での他者への攻撃行動との関連について、Pornari & Wood（2010）は、視覚的匿名状況では、自身の行為から生じる被害状況（例えば、相手が傷ついたり落ち込んだりしている姿）を直接目にすることがないため、相手に対する共感や同情、あるいは罪悪感等の否定的感情が喚起されにくいことを指摘している。また Sproull & Kiesler（1986）は、相手の表情や身振り手振りなどの非言語的情報が妨げられることで、「相手がそこにいる」という感覚である「社会的存在感」が乏しくなり、その結果として、対面状況においては通常存在するはずの行動抑制が効かなくなってしまうと主張している。Kiesler らは、こうした状態を「社会的匿名性」と呼び、個人が集団に埋もれることによって個々人の行動責任の所在が曖昧となる「脱個人化作用」との関連から論じている（Kiesler, Siegel, & McGuire、1984）。

　一方、Reicher（1984）や Postmes ら（1998）は、社会的アイデンティティ理論の枠組みから、群衆行動における脱個人化作用は個のアイデンティティから集団のアイデンティティへと変化することに伴う集団規範への同調であると論じている（Postmes, Spears, & Lea、1998 ; 2002）。

　これと関連して、千葉（2011）は、ネットには、同じ考えや意見をもつ者同士を結び付けることを簡易にするという特徴があると指摘し、同様の価値観をもつ人々ばかりが集結する場においては、異質なものを排除しようとする傾向をもちやすく、そこでの議論はしばしばもともとの主義主張から極端に純化・先鋭化した方向に流れ、偏向した方向に意見が集約されやすいと主張している。この視点は、個人が不適切な発言や行為の報告の

投稿をした際に、それを受け入れ難いと感じる共通の規範をもった不特定多数の人々が、投稿者に対してネット上で一斉に批判を繰り広げるいわゆる"炎上"現象を説明するものであろう。また竹内・戸田・高橋（2015）は、自身が匿名であると信じ込むことによって道徳不活性化を起こし、それが安易な他者への誹謗中傷等の書き込みにつながってしまうことを指摘している。

　Gini ら（2015）や Kollerova ら（2017）は、学級レベルの集団的道徳不活性化がいじめ行動に及ぼす影響について検証しており、いじめ被害とは正の、またいじめ仲裁とは負の関連があることを明らかにしている。一方、ネットいじめやネット上の攻撃行動においては、従来型いじめとは異なり、加害側と被害側が必ずしもお互いによく知った仲とは限らないが、特定の標的に対して集団的な攻撃が行われる点においては、従来型のいじめと共通しているとも考えられる。このことから、Gini らが提唱する「学級における集団的道徳不活性化（Classroom Collective Moral Disengagement）」に対応する「ネット上における集団的道徳不活性化（Cyber Collective Moral Disengagement）」の影響や、その特性についてさらなる検討・検証が求められよう。

　ここに紹介した種々の研究は、いずれも匿名性がネット上において加害行為を促進する要因として機能してしまうことを指摘するものであるが、Kanetsuna（2016）は、匿名性に対する強い信念は、加害行為を促進するのみならず、自身が被害者となることへのリスク認知を低下させ、被害に対する予防への意識も低下させる影響があることを報告している。

❷ アクセシビリティと想定観衆問題の影響

　近年、SNS 等への投稿を含む他者とのネット上での不適切な情報のやりとりが大きな問題となる事例が多数報告されている。中には、中高生などの未成年者が書類送検されるに至る事例まである。例えば、2018 年 8 月に、愛知県で女子高校生の裸の動画をスマホで送信し拡散したなどとして、高校生の男女 13 人が児童買春・ポルノ禁止法違反などの容疑で書類送検された事件が報じられている（読売新聞、2018）。検挙された少年たちは、「知らない人の動画だったから」と軽い気持ちで転送してしまったと話し

たという。さらに、同年 10 月には 2018 年度上半期の児童ポルノ摘発件数が前年同期比 281 件増の 1,423 件と過去最多であったことが警察庁より発表された（警察庁、2018）。被害に遭った 18 歳未満の子ども 615 人（高校生 234 人、中学生 212 人、小学生 138 人、その他 31 人）のうち、だまされたり脅されたりして自身の裸の画像を送信させられる、いわゆる「自画撮り」の被害が約 4 割を占めていたこと、そして数ある SNS サイトの中でも特に Twitter の利用が最多であったことも合わせて報告されている。

　これらの投稿は、いずれも投稿者たちの「まさか個人が特定されるとは思わなかった」という発言から、ネットの匿名性に対する誤った信念、あるいは思い込みがその背景にあったことが推測される。加えて、「拡散するつもりはなく、ただ身近な友人たちと面白い動画や画像を共有したかっただけ」という発言の背景には、本人たちが想定している投稿画像の閲覧者（身近な友人）と、実際の閲覧者（ネット上の不特定多数の人間）との間に大きな乖離があることが伺える。子どもたちが通常使うネットの世界の多くは、「誰でも、いつでも、どこからでも」アクセス可能であり、仲間内だけで楽しんでいるつもりでも、自ら閲覧者に制限をかけなければ、その情報は世界中に発信されることとなり、また一度発信された情報は、自分たちの意図とは無関係にどこまでも拡散してしまう可能性があることをあらためて認識しなければならない。

　このアクセシビリティの問題は、ネットいじめの被害者にとっても非常に深刻な問題である。ネットいじめの標的とされた児童生徒は、時間も場所も関係なく加害側からの嫌なメッセージは届き続け、そのメッセージは被害から何年経とうがネット世界に残り続けて被害者を苦しめ続けるのである。

❸ 群集化と傍観者性の影響

　ネットいじめやネットトラブルに関わる三つ目の特徴は傍観者性である。例えば、ネット上で何かしら不適切と思われる言動をした個人に対して、不特定多数の人々が寄ってたかってその人を非難する発言を繰り返すという事態を見聞きしたことのある人は多いであろう。いわゆる"炎上"と呼ばれる状態で、時に度を越した暴言や差別的な発言にまで発展することも

少なくない。こうした炎上状態が起こる要因の一つは、多くの人がネット上では、自身の言動に対して無責任でいられる（と思い込んでいる）ことである。ネットの炎上場面の多くでは、非難する人と非難される人との間に何ら接点や利害関係はなく、お互いにどこの誰なのかわからない。また著名人などが非難されている場合は、非難している側は相手が誰かわかった上で非難しているわけであるが、自身が直接被害を被ったわけではないにもかかわらず正義の使者よろしく相手をとことんまで責めたてている。

　周囲で炎上状態を傍観している人たちもまた自身が何らかの被害を受けたわけではないため、積極的に仲裁に入ろうという意識は生まれない。そもそも炎上という現象は、非難を受けている側に何かしらの非があることが前提（少なくとも非難している側の人たちにとって）であるため、非難されて当然という意識が共有され、仲裁に入らないことへの罪悪感も生まれにくいのである。そうして一度、炎上状態になると、非難する側は群集化し、多数派の意識が生まれることになる。例えば、「自分だけではなく、皆やっている」、「これは皆の総意だ」といった意識は、時に自身の行為の正当化に使われる。これは、先に紹介した従来型いじめにおける四層構造論とも非常によく似ているが、ネット世界ではその匿名性の性質がゆえに顕著に現れやすいともいえよう。

　こうしたネットの傍観者性あるいはネットに集う人々の群集化は、標的とされた人に、「自分の味方はこの世に一人もいない」、「周りは皆、自分の敵だ」といった絶望的な感情を抱かせ、さらに追い詰めることになる。実は、ここにも相手の姿が見えないことが影響している。実際には当該人物を責めたてるような発言をしているのはほんの数人（あるいはたった一人）であったとしても、ネット上で際限なく否定的な言葉を浴びせられることで、標的とされた人は、世界中の人々から責められているような錯覚に陥ってしまうのである。戸田ら（2008）は、こうした加害側の集団性について、いじめる側は、いじめられる側の子どもには、いじめられるに値するという自身の考えが多数派であるという幻想を抱くことがあるという「多数派幻想」の概念を提唱しているが、相手の顔が見えないネットという場においては、こうした幻想が、攻撃する側にとっても、攻撃される側に

とっても一層の真実味をもちやすいといえよう。たとえ相手に何らかの非があるような状況であっても、その相手に対して無分別に否定的な言葉をぶつけるという行為は、疑いようもなく「加害行為」であり、許されることではないことを認識しなければならない。

3　適切な予防と対応に向けて

（1）早期発見・早期対応のための情報共有と組織的対応に向けて

　ここまで、従来型いじめ、そしてネット上のいじめや加害行為についてその実態と様相を述べてきた。文科省（2017）によるいじめの防止等のための基本的な方針においては、いじめは、「いじめを受けた児童生徒の教育を受ける権利を著しく侵害し、その心身の健全な成長及び人格の形成に重大な影響を与えるのみならず、その生命又は重大な危険を生じさせる恐れがあるもの」（p.1）として、その予防と対応に当たっては、「いじめは絶対に許されない」、「いじめは卑劣な行為である」、「いじめはどの子どもにも、どの学校にも、起こりうる」という認識のもとで、「大人一人一人がそれぞれの役割と責任を自覚して取り組まなければならない」（p.2）と定めている。このように、社会全体でいじめ問題に向き合い、対処していくための基本的な理念と体制を定めた法律として「いじめ防止対策推進法」が2013年6月に成立、同年9月に施行された（文科省、2013）。

　同法では、学校や地域がいじめ防止等のための対策に関する基本的な方針を定め（第12・13条）、学校がいじめの早期発見のための相談・通報の窓口となり、いじめ問題への対応が「計画的」、「組織的」に実行されること（第15・16・22・23条）等が定められている。また、いじめにより「児童等の生命、心身、又は財産に重大な被害が生じた疑いがあると認めるとき」（第28条第1号）や、「児童等が相当の期間学校を欠席することを余儀なくされている疑いがあると認めるとき」（同第2号）などの、いわゆる「重大事態」においては、調査組織を設置し、その事実関係を調査することなどが定められている。

　「本法及び本法によって定められたいじめ防止等のための基本的な方針

（文科省、2017）」において、いじめ防止のための最も重要な施策として挙げられているのは、早期の「いじめの芽」の段階での積極的な認知であることは先に述べたとおりであるが、総務省調査でも示されたとおり、残念ながら、地域や学校によってはまだ徹底されているとはいえない状況にある。それは文科省調査における「1000人当たりのいじめ認知件数」の都道府県差（2018年度最多：宮崎県101.3件；最少：佐賀県9.7件）からも明らかであろう。両県の差は約10.4倍で、2017年度の19.4倍（最多：京都府96.8件；最少：香川県5.0件）からは縮小したものの、依然としてその差は小さいとはいえない。2018年度文科省調査によれば、いじめを認知した学校は、小学校で85.8％、中学校で85.2％、高等学校で62.7％、特別支援学校で42.7％となっており、2〜5割の学校においては、いじめが1件も認知されなかったことになる。しかしながら、先に示した法に基づくいじめの定義を適切に運用していじめの認知に努めれば、いじめが1件も認知されないという状況は考えにくい。いじめ防止の最も重要な第一歩がいじめの認知であること、そして法に基づくいじめの定義を議論の端緒として、教職員、保護者、地域住民等関係者一同が共通理解するための努力を継続することが重要である。

　法に基づくいじめの定義の共通理解と早期段階における認知はいじめ防止のための重要な第一歩ではあるが、同時にいじめ対応の入り口にすぎない。法の定義に基づいて認知されたいじめの事案は、定義と同様に法第22条によって設置が義務づけられている校内の「いじめ対策組織」に対して、法第23条に基づき速やかに報告され、情報が組織的に共有されることが求められている。いじめ防止等のための基本的な方針においては、特に事実関係の把握、いじめであるか否かの判断は組織的に行うことが必要であり、当該組織が、情報の収集と記録、共有を行う役割を全うするためには個々の教職員が、ささいな兆候や懸念、児童生徒からの訴えを抱え込まずに、または対応不要であると個人で判断せずに、直ちに全て当該組織に報告・相談することの重要性が明記されている。

　さらに、こうして共有された情報をもとに、校長のリーダーシップのもとで、生徒指導担当、学年主任、養護教諭、学級担任などの教職員、さら

> **いじめ防止対策推進法第 22 条：学校におけるいじめの防止等の対策のための組織の設置**
> 　学校は、当該学校におけるいじめの防止等に関する措置を実効的に行うため、当該学校の複数の教職員、心理、福祉等に関する専門的な知識を有するものその他の関係者により構成されるいじめの防止等の対策のための組織を置くものとする。

> **いじめ防止対策推進法第 23 条：いじめ認知時における通報等について**
> ①教職員は、児童生徒からの相談を受け、いじめの事実があると疑われるときは、校内の「いじめ対策組織」への通報等の適切な措置をとる。
> ②学校は、児童生徒がいじめを受けていると思われるときは、速やかに、いじめの事実の有無を確認し、その結果を当該学校の設置者に報告する。

には必要に応じて、スクールカウンセラーやスクールソーシャルワーカー、警察機関等の学校内外の専門家や専門機関と積極的に連携を図りながら、「チーム学校」として被害児童生徒への支援および加害児童生徒への指導を組織的かつ適切に行うことが定められている（文科省、2013；2017）。

　ところが、総務省調査によると、重大事態 66 事案中 6 割の事案において、担任が他の教員等と情報共有せずに事案を抱え込んでしまうなどの校内の情報共有に関わる課題や、特定の教員に対応の全てを任せてしまうという組織的対応に関わる課題が認められたことが指摘されている。学校の特定の教職員が、いじめに関わる情報を抱え込み、学校のいじめ対策組織に報告を行わないことは、同項の規定に違反し得ることを認識し、情報の共有および組織的対応の徹底が図られる必要があろう。

　森田（2018）は、校内組織を「問題対応型」組織として機能させるためには、「同僚性」、「協働性」、「気働き」の三つの要素が不可欠であると述べている。森田によれば、いじめ対応のための組織は、迅速かつ適切な支援を旨としており、その実現のためには柔軟な目標設定と適切かつ柔軟な役割分担と、教職員相互の「気働き」が欠かせないという。そして、組織を実効性のある組織として機能させるためには、「協働性」の基盤に「同僚性」という信頼に基づく「人間関係資本」が蓄積されて初めて可能になると説明している。そのためには、日常的に互いに気楽に相談し合える、助

け合える、あるいは励まし合える職場環境が必要であり、そうした環境を基盤として創出される同僚性は、組織の実効性を高めるのみならず、教職員一人一人のメンタルヘルスの観点からも重要と指摘している。

（2） 児童生徒主導によるいじめの予防・対応実践

　いじめ問題の予防・対応の実践において、児童生徒がいじめ防止に資する活動に主体的に関わっていくという「子ども主導」による取組が注目されている。2007 年に大阪府寝屋川市内の全公立中学校生徒会執行部員が、自分たちを取り巻くさまざまな問題について話し合おうという目的で集まった寝屋川市中学生サミットはその先駆けであり、現在では同様の取組が西日本を中心に 20 カ所以上で行われている（宮川・竹内・青山・戸田、2013；渡辺、2009）。さらに、いじめ防止対策推進法が施行された 2013 年度より、文科省による全国いじめ問題子どもサミットも開催されており、全国から集まった児童生徒たちが、各々の地域や学校での取組を発表したり、共通のテーマで意見を交わす機会となっている。これらの取組の特徴は、ピア・サポートの考え方に基づいた「子ども中心」の活動であり、学校や教育委員会などの大人はあくまでも後援という形でその活動をサポートしている点である。個々のサミットやフォーラムの開催や実行委員としての活動が、主体的に参加した個々の児童生徒の意識に一定の効果をもたらしていることは、Miyake ら（2018）が示している。

　また、著者が助言者の立場で参加したサミットにおいては、参加した児童生徒から「いじめられている子や面白がっている子に話しかけ、いじめを止めようと思う」、「いじめを先生や親に伝えにくいときは親しい近所の人を頼るなど、自分にはない視点の意見が聞けた」、「学んだことを学校内で広めたい」など、いじめ防止に向けた前向きな感想が聞かれたことから一定の効果があったことが推測された。子ども主導の取組は、大人が主導する種々の活動に対して否定的な意識をもっている児童生徒であっても、自分と同じ仲間が主導しているということから前向きに参加しやすいという利点があるが、その一方で、全ての児童生徒が協力的とは限らず、取組に参加した子どもたちと、参加していない子どもたちとの間でいじめ問題に対する意識に大きな差が生まれてしまうこともある。特に各学校の代表

が集まるサミットのような場では、意欲のある子ども同士の積極的な意見交流が見られても、各々が自身の学校で取組の成果をどう波及させるかについては、課題が残されている。そのため、周囲の大人が子どもたちの間の意識の差に目を向け、意欲ある児童生徒のやる気が削がれてしまわないように意識の低い児童生徒への積極的な働きかけが必要であろう。

（3）ネットいじめとインターネット問題への対応と予防に向けて

　先に述べたように、ネットやスマホの急速な発展と普及に伴い、児童生徒が直面するネット上のリスク事態はますます多様化・複雑化している。そうした状況にあって、ネットいじめやネット問題については今や世界中でさまざまな対策が講じられている（Campbell & Bauman、2017）（**表 4**）。

　Campbell らによると、これらの対策は、大きく情報提供型の対策と、レッスン型の対策に分類できるという。例えば、オーストラリアの Safe and Well Online（ネットをいじめではなく相互尊敬するために使おうというメッセージなどを発信するキャンペーン）や、オランダの Dutch standalone intervention（ネットいじめ被害経験者にオンラインでヒントを定期的に提供するなど）は情報提供型の対策に該当しよう。一方、レッスン型のネットいじめ／ネット問題対策では、そこに生徒や大学生などの参画があるかどうかなどで多様性があるという。例えば、オーストラリアの Cyber-Friendly Schools（学校全体、個々の生徒、保護者への情報提供とレッスンを行う）では、15〜16 歳の学年からネットのスキルに興味をもち、仲間のロールモデルになりたいと考えるサイバーリーダー（cyberleaders）を数名選び、訓練ののちに教員とともに学校全体のために活動する機会を与えている。

　また、イタリアの NoTrap!（学校全体のために子ども主体で実践されるプログラムで、被害者への共感性を高め、効果的な対処方略を教える）では、ピア・エデュケータ（peer educators）が活躍している。このプログラムでは、いじめやネットいじめの傍観者が、①何かが起きていると気づき、②その状況を緊急事態と解釈し、③なんらかの責任を感じ、④介入するための方略を知り、⑤選んだ行動を実際に行うという一連のプロセスを可能とするためのレッスンを行っている。ピア・エデュケータの候補は、

表4 世界のネットいじめ・ネット問題対策（Campbell & Bauman, 2017）

プログラム名	開発国（普及）	対象児の年齢等	実践の宛先	生徒等の参画	主な活動
Safe and Well Online	オーストラリア	12〜18歳	ネット	若者がデザインに参画	ネットいじめではなく相互尊敬するために使おうというメッセージなど発信するキャンペーン
Cyber-Friendly Schools	オーストラリア	13〜18歳	学校・保	cyber leaders	学校全体、個々の生徒、保護者への情報提供とレッスン
MARC	アメリカ	幼児、小中学生	学校・教・保	大学生の関与	小単位での話し合いを含む、大学生と子ども、先生、保護者のネットでのスキルなどに関する学び合い
KiVa Abtibullying program	フィンランド（欧州、南米等）	小中学校	学校・教・仲	ピア・サポートを含む	いじめやネットいじめにおいて、傍観者が抑止のために積極的に働くためのレッスンやゲームの学習など
No Trap!	イタリア	7〜10学年	学校・個・仲	peer educators	学校全体のために、子どもも主体で実践されるプログラム。被害者への共感生を高め、効果的な対処方略を教える
Media Heroes	ドイツ（スペイン版）	7〜10学年（≒12〜16歳）	学校	生徒の保護者対象ワークショップ	共感性や役割取得がネットいじめを抑止すると考え、個人、学級、家庭というレベルで働きかけをするもの
+fort	フランス	非特定	個	回答で参画	いじめへの対処法を、階層的に提供。ネットいじめはまだ含まれていない
Dutch standalone intervention	オランダ	12〜15歳の低学力のネットいじめ被害児	ネット	なし	Rational Emotive Behavior Therapy の考え方に基づき、ネットいじめ被害経験者に、オンラインで、ヒントを定期的に提供。実際に会う支援者の必要性を論じている
ViSC	オーストリア（トルコ、キプロス、ルーマニア）	5〜8学年	学校・教	class project	social ecological framework に基づき、レッスンとクラス単位の対策プロジェクトの実施
ConRed	スペイン	中等学校	学校・教・保	8つのレッスン、学校外への拡張	より肯定的で受容的な社会的な風土の醸成
スマホサミット	日本	主に中高校生	学校、地域、国を超えて協働	大学生の支援	学校の代表から、ネットの良い点や問題点、そして改善方法を話し合う。各サミット代表のサミットや、国際的な協働も
IMB	南アフリカ	青年期	学校	なし	ビデオや記事などを用いて、ネット上のいじめなどのリスクの認知を高め、参加者同士で対応方法を話し合う
EPPM	アメリカ	中等学校	学校・保	なし	Extended Parallel Process Model に基づく45分の講義。ネット上の問題の怖さを伝えることが主目的

いじめにもネットいじめにも対応できるように、傾聴のスキル、共感性、問題解決や対処方略などを習得するために 8 時間もの訓練を受けるという。ネットの利用に関しては、多くの教師や保護者よりも子どもたち自身のほうが熟達しており、子どもの主体性の発揮という観点のみならず、対策が時代遅れにならないためにも、生徒らの知識や考えの反映がなされている点は注目に値しよう。さらに、これらの対策の多くは、背景理論や調査からのエビデンスを踏まえて設計されているだけでなく、普及モデル（dissemination model）も意識されている。例えば、オーストリアの ViSC（レッスンとクラス単位の対策プロジェクトの実施によるいじめ対策）では、プログラムの開発者が各学校の実践の中心者を育てるという Train the Trainers（実践者訓練）モデルが用いられている。またフィンランドの KiVa では、その実践者たちが 2 年に 1 回、全国から集まって実践上の工夫や成果について意見交流する機会を設けている。こうした取組は、斉一な実践の一方向の伝播ではなく、プログラムの細部や適用の在り方が多様化することが前提であり、しかもその多様化した実践が交流するという普及の在り方を提案するものである。

　一方、日本の学校においても、ネットいじめやネット問題は、喫緊の生徒指導課題として、児童生徒への早急かつ適切なリスク伝達と、予防・再発防止のための指導・教育が求められているが、個々の学校によって子どもたちの実態や抱えている問題、そうした実態や問題に対する教員の意識、さらには予防や対応の在り方までさまざまである。警察庁（2018）は、SNS 上で被害にあった小・中・高校生の 1 割は学校でネットの危険性について「指導を受けたことはない」と回答しており、4 割は指導を受けたかどうか「分からない、覚えていない」と回答していたことを報告している。子どもたちをネット上の種々のリスクから守るためには、①問題を起こさせないための適切な予防と、②起きてしまっている問題に対する再発防止を含めた適切な対応の両方が必要である。

　これらの実現のためには、問題の種類や深刻度を含めた児童生徒のネット使用の実態の把握と、それに応じた学校内外における予防・対応策との適切なマッチングが重要である。例えば、既に子どもの使用実態が深刻な

問題を抱える「リスク接触」状況（出会い系サイトへのアクセス、ネット上での不適切な発言や動画像の投稿など）にまで進行してしまっているにもかかわらず、ごく初期の段階の対応（学校へのスマホの持ち込み禁止や使用の制限など）にとどまっているような場合には、既発生事態への対応だけでなく、将来、当該児童生徒が直面するかもしれないさらなるリスク（児童ポルノ被害やネットいじめ被害・加害など）を見越した予防・対応まで視野に入れた取組は困難であると言わざるを得ない。そのため子どもたちの使用実態についてできるだけ正確に把握し、所持、使用、リスク接近、リスク接触など異なる水準の実態に応じた対応・対策を講じていくことが重要である。

　しかしながら、児童生徒一人一人のネット利用の実態は個人のプライベートな側面を含んでおり、その全体を把握するのは保護者でも容易ではない。そこで、子どもたち自身がいじめやネットいじめ防止に資する活動に主体的に関わっていくという、上述の子ども主導による取組がここでも力を発揮する。子どもたち自身が自ら何が安全で何が危険かを考え、議論し、またそれを周囲の子どもたちと共有することで、より自律的かつ自制的な利用が期待できると考えられよう。世代間の指示・命令による抑止ではなく、世代内の抑止力を世代間の教育で育むわけである。最近では、ネットいじめを含むスマホやネットを媒介とした問題の予防をテーマにした「スマホ・サミット」が、先に紹介した「いじめ防止サミット」と並んでさまざまな地域で開催されている（Takeuchi, Abe, Miyake, & Toda、2018）。

　ネットいじめおよびネット問題の防止においてもう一つ重要なことは、適切な情報教育の在り方である。2011 年告示の学習指導要領では、「教育の情報化」が一つの柱に位置づけられ、その中では「教科への ICT 活用」、「情報教育」、「校務の情報化」の 3 領域が盛り込まれていた。そして 2017年告示の新学習指導要領では、小学校における道徳の教科化に伴い、解説の指導の配慮事項の項で情報モラルに関する指導について解説されている。情報モラルの問題は、原則は現実世界の道徳と何ら変わりはない。他者への誹謗・中傷などの他者を傷つける行為、他者の物（個人情報や動画像等）

を本人の承諾を得ずに勝手に使ったり（なりすまし行為）、公開したり（個人情報の暴露）する行為、他者を欺いたり騙したりする行為などは、現実世界でも、ネット世界でも、決して許される行為ではない。

　しかしながら、先に述べた「匿名性」、「アクセシビリティ」、「傍観者性」などネット独自の特性から、こうした物事の善悪の判断について、本来身についているはずの規範がうまく発揮されず、誰もが無自覚に、また容易に、加害者あるいは被害者となってしまうことがある。それゆえにネット上での言動は、現実世界以上に慎重にならなければならないことを子どもたちに伝えることが重要である。また、道徳科で情報モラルを扱う際には、指導する側は、扱う問題のレベルを道徳レベルの問題として扱うのか、あるいはより慣習的／文脈的な情報リテラシーレベルの問題として扱うのかを意識することも重要であろう。情報機器を適切に扱う上では、モラルもリテラシーもどちらも大事なことであるが、児童生徒の使用実態と、子どもたちの発達や個性を考慮しながら、個々の児童生徒の状態に即した指導・支援が工夫される必要がある。

4　総括として

　「いじめはどの子ども、どの学校、どの学級でも起こりうる」問題であり、その芽はそこかしこに溢れている。そうしたいじめの芽を余さず全て摘み取ることは不可能かもしれないが、一つでも多くのいじめの芽に気づくことで、それが深刻ないじめへと進行していくことを防ぐことにつながる。いじめの予防・対応の主役は、実は児童生徒であり、その理解が出発点になる。子どもたち一人一人の日々の様子にしっかりと目を配り、それぞれの個性、集団の関係性、集団内の役割等を理解し、そして、いつもとはちょっと違うなという違和感にどれだけ意識を向けることができるかである。もちろん、まずは教師一人一人がそうした感性を高めていくことが大事であるが、一人の教師の力には限界がある。だからこそ、情報共有と組織的対応が助けになる。一人の教師が対応したほうが早い場合もあるかもしれないが、それでも組織として情報を共有し協働的に対応することで、

拙速な判断をしてしまう可能性は格段に少なくなる。

　本稿で論じた、適切な判断基準に基づいたいじめの認知、徹底した情報共有と適切な対応を個々の教師が、そして学校全体として明確に意識づけることで、たとえいじめをゼロにすることはできなくても、いじめの重大事態をゼロにすることは可能である。そう信じて、子どもの幸福を願う関係者全員が一丸となって取り組みたい。

[参考・引用文献]

- Campbell, M., & Bauman, S. (Eds.) (2017). Reducing Cyberbullying in Schools: International Evidence-Based Best Practices. Academic Press (Elsevier).
- 千葉和矢「ウェブ空間における炎上の社会学－意図を超えた言説の普及－」『千葉大学人文社会科学研究科研究プロジェクト報告書第 231 集』千葉大学大学院人文社会科学研究科、2011 年、pp.24-37
- Crick, N.R. & Dodge, K.A. (1999). 'Superiority' is in the eye of the beholder: a comment on Sutton, Smith and Swettenham, *Social Development*, 8：128-131.
- 深田博己『インターパーソナルコミュニケーション－対人コミュニケーションの心理学－』北大路書房、1998 年、pp.63-66
- Gini, G., Pozzoli, T., & Bussey, K. (2015). The role of individual and collective moral disengagement in peer aggression and bystanding: A multilevel analysis. *Journal of Abnormal Child Psychology*, 43, 441-452.
- Kanakogi, Y., Inoue, Y., Matsuda, G., Butler, D., Hiraki, K., & Myowa-Yamakoshi, M. (2017). Preverbal infants affirm third party interventions that protect victims from aggressors. Nature Human Behaviour, 1, 0037. doi:10.1038/s41562-016-0037
- Kandersteg Declaration Against Bullying in Children and Youth (2007). Joint Efforts Against Victimization Conference in Kadersteg, June 8th-10th.
- Kanetsuna, T. (2016). Effects of anonymous beliefs of the Internet on the levels of caution for various online risk behavior. Paper presentation at 31st International Congress of Psychology Pacifico Yokohama, Yokohama, Kanagawa, Japan.
- 警察庁「平成 29 年における SNS 等に起因する被害児童の現状と対策について」2018 年 https://www.npa.go.jp/safetylife/syonen/H29_sns_shiryo.pdf（2018 年 12 月 29 日閲覧）
- Kiesler, S., Siegel, J., & McGuire, T. W. (1984). Social Psychological Aspects of Computer-Mediated Communication. American Psychologist, 39, 1123-1134.
- 国立教育政策研究所『いじめ追跡調査 2013-2015 いじめ Q&A』生徒指導・進路指導研究センター、2016 年、p.11
- Kollerova, L., Soukup, P., & Sini, G. (2017). Classroom collective moral disengagement scale: Validation in Czech adolescents. *European Journal of Developmental Psychology*, 15(2), 1-8.
- Latané, B. (1981) The psychology of social impact. American Psychologist, 36(4), 343-356.
- 宮川正文・竹内和雄・青山郁子・戸田有一「ネット問題とネット相談掲示板実践」『〈教育と社会〉研究』23、2013 年、pp.41-52
- Miyake, M., Takeuchi, K., & Toda, Y. (2018). Variations of perspectives of junior high school students who have participated in Smartphone Summit for appropriate usage of the

Internet and smartphones. *Pastoral Care in Education*, 36, 141-153. https://doi.org/10.1080/0 2643944.2018.1464592

● 文部科学省「青少年が利用する学校非公式サイト（匿名掲示板）等に関する調査について（概要）」スポーツ・青少年局青少年課、2008 年
http://www.mext.go.jp/b_menu/houdou/20/04/08041805/001.htm（2018 年 12 月 29 日閲覧）

● 文部科学省「いじめ防止対策推進法交付について（別添 1）」2013 年
http://www.mext.go.jp/component/a_menu/education/detail/__icsFiles/afieldf ile/2018/08/21/1140003_001_1_1.pdf（2018 年 12 月 25 日閲覧）

● 文部科学省「いじめの正確な認知に向けた教職員間での共通理解の形成及び新年度に向けた取組について（通知）」別添資料「いじめの認知について」2016 年
http://www.mext.go.jp/b_menu/shingi/chousa/shotou/124/shiryo/__icsFiles/afieldf ile/2016/10/26/1378716_001.pdf（2018 年 12 月 24 日閲覧）

● 文部科学省「いじめ防止等のための基本的な方針」2007 年（最終改定平成 29 年 3 月 14 日）
http://www.mext.go.jp/component/a_menu/education/detail/__icsFiles/afieldf ile/2018/08/20/1400030_007.pdf（2018 年 12 月 25 日閲覧）

● 文部科学省「平成 30 年度『児童生徒の問題行動・不登校等生徒指導上の諸問題に関する調査』について」文部科学省、2019 年
http://www.mext.go.jp/content/1410392.pdf　（2020 年 4 月 14 日閲覧）

● Morio, H., & Buchholz, C. (2009) How anonymous are online? Examining online social behaviors from a cross-cultural perspective. AI and Society, 23(2), 297-307.

● 森田洋司・清永賢二『いじめ－教室の病』金子書房、1994 年、pp.48-52

● Smith, P. K., & Sharp, S. (1994). School bullying. Routledge.

● 森田洋司監修『いじめの国際比較研究：日本・イギリス・オランダ・ノルウェーの調査分析』金子書房、2001 年、pp.43-46

● 森田洋司「いじめ問題の捉え方と対応の在り方について」平成 30 年度いじめ防止等に関する普及啓発協議会資料 2、2018 年

● 中井久夫『アリアドネからの糸』みすず書房、1997 年、p.2-23

● 内閣府「平成 29 年度青少年のインターネット利用環境実態調査」2018 年
https://www8.cao.go.jp/youth/youth-harm/chousa/h29/net-jittai/pdf-index.html　（2018 年 12 月 25 日閲覧）

● O'Moore, M. & Kirkham, C. (2001). Self-esteem and its relationship to bullying behaviour. Aggressive Behavior, 27, 269-283. doi:10.1002/ab.1010.

● 小野淳・斎藤富由起「サイバー型いじめ（Cyber Bullying）の理解と対応に関する教育心理学的展望」『千里金蘭大学紀要』5、2008 年、pp.35-47

● Pepler, D. (2006). Bullying interventions: A binocular perspective. Journal of the Canadian Academy of Child and Adolescent Psychiatry, 15, 16-20.

● Pornari, C. D., & Wood, J. (2010). Peer and cyber-aggression in secondary school students: The role of moral disengagement, hostile attribution bias and outcome expectancies. Aggressive Behavior, 36, 81-94.

● Postmes, T., Spears, R., & Lea, M. (1998). Breaching or building social boundaries? SIDE-effects of computer-mediated communication. Communication Research, 25(6), 689-715.

● Postmes, T., Spears, R., & Lea, M. (2002). Intergroup differentiation in computer-mediated communication: Effects of depersonalization. Group Dynamics: Theory, Research, and Practice, 6(1), 3-16.

● Randall, P.E.（1997）. Adult Bullying. Routledge.

● Reicher, S.D.（1984）. The St. Pauls' riot: An explanation fo the limits of crowd action in terms of a social identity model. European Jounrnal of Social Psychology, 14, 1-12.

● Salmivalli, C., Kärnä, A., & Poskiparta, E.（2010）. Development, evaluation, and diffusion of a national anti-bullying program, KiVa. In B. Doll, W. Pfohl, & J. Yoon（Eds.）, *Handbook of Youth Prevention Science*,（pp.238-252）. Routledge.

● Sawada, M., Kanetsuna, T., & Toda, Y.（2014）. How envy of the victim of bullying is associated with the schadenfreude of witnesses. 14th Biennial Conference of the European Association for Research on Adolescence.

● Schuster, B.（1999）. Outsiders at school: the prevalence of bullying and its relation with social status, *Group Peocesses & Intergroup Relations*, 2：175-190.

● Smith, P.K.（2012）. Cyberbullying: Challenges and opportunities for a research program: A response to Olweus. European Journal of Developmental Psychology, 9(5), 553-338.

● Smith, P.K.（2014）. Understanding School Bullying: Its Nature & Prevention Strategies. SAGE Publications Ltd.

● 総務省「いじめ防止対策の推進に関する調査結果報告書」総務省行政評価局、2018年

● Sproull, L., & Kiesler, S.（1986）. Reducing social context cues: Electronic mail in organizational communication. Journal of Management Science, 32(11), 1942-1512.

● Takeuchi, K., Abe, K., Miyake, M., & Toda, Y.（2017）. Smartphone Summit: Children's initiative to prevent cyberbullying and related problems. In M. Campbell & S. Bauman（Eds.）Reducing Cyberbullying in Schools: International Evidence-Based Best Practices,（pp. 213-223）, Academic Press（Elsevier）.

● 竹内和雄・戸田有一・高橋知音「青少年のスマートフォン＆インターネット問題にいかに対処すべきか－社会と教育心理学との協働に向けて－」『教育心理学年報』54、2015年、pp.259-265

● 滝充「いじめの調査結果について」『教育委員会月報』745、2011年、pp.7-10

● 戸田有一・ダグマー ストロマイヤ・クリスチアーナ スピール「人をおいつめるいじめ：集団化と無力化のプロセス」谷口弘一・加藤司編『対人関係のダークサイド』北大路書房、2008年、pp.117-131

● 戸田有一「いじめの被害側・加害側・傍観者」水野治久・家近早苗・石隈利紀編『チーム学校での効果的な援助』ナカニシヤ出版、2018年、pp.92-102

● 渡辺研「『ぼくたちができることは何だろう…』寝屋川市中学生サミットからのアピール」『教育ジャーナル』11、2009年、pp.8-18

Ⅱ　スマホ問題とインターネット依存

国際医療福祉大学専任講師　**鶴田利郎**

兵庫県立大学准教授　**竹内和雄**

1　インターネット依存の実態

（1）青少年のインターネット依存推定人数の推移

　近年、インターネットを利用する多くの児童生徒の間で、インターネット依存が深刻な問題となっている。例えば、大井田（2013）の調査の一次資料の一つであるプレゼンテーション資料[注1]によってインターネット依存の中、高校生が約 51 万 8 千人に上ることが推計され、日本国内でもこの問題を大きく注目させることとなった。また、「平成 29 年度循環器疾患・糖尿病等生活習慣病対策総合研究事業『飲酒や喫煙等の実態調査と生活習慣病予防のための減酒の効果的な介入方法の開発に関する研究』（研究代表者　尾崎米厚）報告書」では、インターネットの病的使用者の中学生、高校生が 5 年前に比べて約 40 万人増加し、全国で推計約 93 万人に上ることが推計されている。さらに「平成 28 年度青少年のインターネット利用環境実態調査　調査結果（速報）」（内閣府、2018）によると、平日 1 日当たり 3 時間以上インターネットを利用しているのは高校生で 54.4%、中学生で 30.4%、小学生で 14% となっている。

　近年は、教育や学習場面にインターネットが使われるケースも増えてきているため、利用時間だけでインターネット依存か否かを判断することは難しいが、インターネットが急速に日常生活に浸透し、どの児童生徒にも依存に陥る可能性があると言えるだろう。

　ここで、児童生徒がインターネット依存に陥るプロセスを簡単に説明したい。児童生徒がインターネットで楽しむツールは、オンラインゲームや SNS をはじめさまざまである。これを学業や日常生活に支障が出ない程

度に楽しんで利用している分にはまったく問題ない。しかし中には、友達への返信が遅くなったことで仲間外れにされる、いじめられるかもしれないという怖さから、24時間携帯電話を肌身離さず持って、毎晩夜遅くまで友達とのやりとりがやめられず、生活習慣が乱れるという児童生徒がいる。またオンラインゲームでは、時間とお金をかけてプレーした結果、難易度の高いものを攻略することで充足感、満足感、さらには周囲からの賞賛を得られることがあるが、このような快感をさらに求めて、より一層ゲームに時間とお金をつぎ込むようになる生徒もいる。そして、このような依存的な利用により、後述する生活習慣や心身の健康などに悪影響がみられるようになっていくのである。

　このインターネット依存に陥ることにより、生活習慣が乱れ、視力の低下、運動不足による体力の著しい低下、肥満、心肺機能低下、栄養障害、体の発育障害など、さまざまな体の不調を引き起こすことが樋口（2017）によって示されている。また、ネットをしていないときの意欲低下が著しい、感情をコントロールできなくなる、ネットをやめるように注意されるとキレて怒りを爆発させるなど、心の健康が損なわれることも指摘されている（樋口、2017）。

　このような悪影響により、インターネットに依存した児童生徒の中には、学校生活の場面では授業中の居眠り、成績低下、遅刻・欠席の増加、不登校といった問題がみられることもある。児童生徒のスマートフォンの所有や利用が今後も増え、相当な勢いで低年齢化が進み、インターネット依存の推計人数が増加していくことが予想される今、この問題と真正面から向き合って、我が国の将来を担う子どもたちを守っていかなければならない。

（2）インターネット依存の定義

　このインターネット依存は、まだ一貫した基準や、統一された定義はなされていない。国内の研究を見ても、「インターネットに過度に没入してしまうあまり、コンピュータや携帯が使用できないと何らかの情緒的苛立ちを感じること、また実生活における人間関係や日常生活の心身状態に弊害が生じるにもかかわらず、インターネットに精神的に依存してしまう状態」（鄭、2008）、「インターネットにばかり気が向いてしまったり、イン

ターネットに自分の気持ちが左右されるなど精神的に依存してしまい、それによってインターネットを利用する時間を自分自身でコントロールできないほどインターネットに没頭し、それが極端に長い時間の利用に繋がり、心身の健康状態や日常生活に悪影響を及ぼす状態」（鶴田ら、2014）などをはじめ、さまざまな定義がなされている。

　その理由としては、例えば「インターネット依存」の生みの親でもある Young が開発したインターネット依存を測定するための尺度である DQ（Young、1996）は DSM-IV（アメリカ精神医学会（APA）の『精神障害の診断・統計マニュアル』の第 4 版）の病的ギャンブル基準を、IAT（Young、1998）は病的ギャンブル基準と物質関連障害基準を参照して作成しているが、それ以外に開発された尺度においても DSM-IVの参照箇所に一貫性はみられない（小寺、2013）。そして、このように尺度によって参照元が異なるということは、インターネット利用の基盤に何があるかという理論的な下支えがないことの裏返しでもあると指摘されていることが挙げられる（Weinstein & Lejoyeux、2010）。また、インターネット依存に関する研究は、国内だけでなく欧米でも盛んに進められており、さまざまな心理的・健康的影響などとの関連が明らかにされている。しかし、このような研究は現在のところ「インターネット依存」を十分に説明しないまま、その病理が存在するという前提で議論が進められている傾向にあることも挙げられる（小寺、2013）。

　日本国内においても、インターネット依存に類する用語が数多く使われており、ネット依存、スマホ依存、ケータイ依存、メール依存、ゲーム依存、ソーシャルメディア依存、つながり依存など、さまざまな言葉が充てられている。また依存、依存症、依存傾向、中毒、中毒症など語尾もさまざまである。これも、現在のところインターネット依存があいまいな概念であることを示す例ともいえるだろう。

（3）WHO が「ゲーム障害」を疾病と認定

　2019 年 5 月 25 日、スイスのジュネーブで開かれた WHO（世界保健機関）年次総会の委員会において、スマートフォンのゲームやオンラインゲームなどにのめり込み、日常生活や健康に支障をきたす「ゲーム障害」

が国際的に疾患（新たな依存症）として認められることとなった。日本語訳ではゲーム依存（症）と訳されることもあるが、ゲーム障害と訳されることのほうが多いため、本稿では「ゲーム障害」とする。これまでゲーム障害も含め、インターネット依存に関わる依存的な症状は正確な疾患としては認められていなかったが、WHOの国際疾病分類の改訂版「ICD-11」において、ギャンブル依存症などと同じ精神疾患に分類され、治療が必要な疾患として位置づけられた。ICDは世界各国の医療機関や保険会社が疾病のガイドラインとして参照するもので、改訂版は2022年に発効する予定である。

　WHO加盟国の一部からは「ゲームと依存の因果関係の証明は難しく、疾患として認めるのは時期尚早ではないか」という声もあったようであるが、多くの国は早急な対策が必要と判断した。

　この改訂版では、（1）ゲームの時間や頻度などを自分でコントロールすることができない、（2）日常の関心ごとや日々の活動よりもゲームを優先する、（3）家庭、学校、職場などの日常生活に大きな問題が生じてもゲームにのめり込む、このような状態が1年間（重症であればより短期間）続くとゲーム障害とすることとした。ゲーム障害が正式に疾患として認定されることにより、今後、ゲーム障害の実態把握や予防方法、治療方法の開発に関わる研究が進んでいくことが期待されている。既に厚生労働省はゲーム障害の詳細な実態調査を進めており、それを踏まえた必要な対策を講じていくこととなっている。また国内の関連する学会においても、新しい基準に基づいて正確な診断ができるよう手引の作成が進められていく予定である。さらに、ゲーム障害を病気として判断する根拠が明確になることから、患者は会社や学校を休んで治療に専念することもできるようにもなる。その一方、治療体制の整備が進んでいないこと、ゲーム障害に対応できる医療機関の少なさ、ゲーム障害の診断基準の確立などが今後の課題として指摘されている。

　なお本稿では、ゲーム障害もインターネット依存と問題点を共有している点が多いと考えられることから、これらを一括りにしてインターネット依存として進めさせていただくこととする。

（４）『生徒指導提要』におけるインターネット依存の位置づけ

　このインターネット依存の問題について、『生徒指導提要』では「Ⅱ　個別の課題を抱える児童生徒への指導」の「第７節　インターネット・携帯電話に関わる問題」において取り上げられている。その中の、「インターネット・携帯電話の普及に伴い、児童生徒の情報活用能力の育成が求められています。それらの使いすぎによって児童生徒の生活習慣が崩れるケースや、さらには後述のような深刻なトラブルが発生しています。そのため、生徒指導の面では、使いすぎや学校などへの不必要な持ち込みなどを注意するとともに、利用時の危険回避など情報の正しく安全な利用を含めた情報モラル教育が不可欠です」と記述されている部分が、主にインターネット依存に関する内容である（文科省、2010）。

　さらに指導や問題発生時のポイントとして、「1　教員として必要な知識を得る」、「2　違法・有害情報対策」、「3　メールに関係するトラブル被害」、「4　被害発生時の対処」、「5　通報・相談窓口」についてまとめられている。ここでは主に、児童生徒がインターネットの利用によって受ける可能性のある被害、例えば出会い系サイト、アダルトサイトなどの違法・有害情報に関するものや、架空請求やワンクリック詐欺メールなどの迷惑メール、誹謗中傷被害への対応、サイバー犯罪への通報、相談窓口などについてまとめられており、インターネット依存に対応する記述は多くは見られない。

　しかし例えば、「1　教員として必要な知識を得る」について、インターネット依存に陥ってしまった児童生徒に対して適切な対応をとることができるようにするためには、なぜそこまでしてインターネットに依存してしまうのか、依存するとどのような悪影響が及ぼされるのかなど、インターネット依存に関する知識をしっかりと身につけておく必要がある。また、最近の子どもたちの間で流行っているものはどのようなアプリやゲームなのか、通知やボーナス、課金システムなど、どのようなハマってしまいやすい機能があるのかなど、実際に体験したり子どもたちに楽しいところを具体的に聞いて教えてもらうことも大切である。

　このようなことを知っておくことによって、未然に予防できることもあるからである。インターネット依存は、早期発見、早期治療が大切である

（樋口、2013）。保護者から相談を受けたとき、児童生徒の行動の変化からインターネット依存が疑われたときなど、すぐに対応できるように日頃から知識を得ておくことが必要であろう。

　また、これと関連して「5　通報・相談窓口」についても、近年では病院などの医療機関でインターネット依存を相談できる施設が徐々に増えてきている。樋口（2017、2018）はネット依存・ゲーム依存を相談できる医療機関を紹介している。保護者や教員では対応できないほど依存の症状が進んでいる児童生徒がいたとき、重症ではなくても対応に困ったときなど、専門機関に相談することができることも知っておく必要がある。

2　インターネット依存によってもたらされる悪影響

（1）生活習慣の乱れ

　インターネット依存に陥ったときにまず見られる大きな悪影響は、生活習慣の乱れである。インターネットに依存する要因はゲーム、SNS 上でのコミュニケーションなどさまざまであるが、それぞれによって依存に陥っていくプロセスに差は見られるものの生活習慣が乱れることに変わりはない。

　例えばゲームであれば、大人数で参加するゲームの場合、ゲームが始まるのは学校や職場から帰宅した人たちが加わるところからスタートするため、ゲームが盛り上がるのは深夜になる。そこから明け方までゲームを続け、ベッドに入るのは夜が明ける頃。しかしそこから寝ようとしても、ゲームのせいで身体が興奮状態になっているので眠ることができない。そういった生活が続いていくうちに、睡眠不足になったり、生活が昼夜逆転していくのである。

　また SNS 上のコミュニケーションにおいても、返信が遅くなったことでいじめられたくない、仲間外れにされたくないといった心理から、夜遅くまで友達同士でメッセージ交換をしていくうちに、生活習慣が夜型になっていくということもある。

　さらにそれ以外にも、食生活の観点でも乱れが見られるようになる。三

度の食事をきちんととらない、朝までゲームをしていて朝食を抜かす、夕食をとらずにネットに夢中になるなどの欠食や、ゲームの片手間ですませるように、毎日インスタントラーメンを食べている、インスタント食品を日に1回食べる程度になるなどの偏食になっている人がいることも報告されている（樋口、2013・2018）。

（2）心身の健康・発達への悪影響

　このような生活習慣の乱れによって、子どもたちの心身の健康や発達にさまざまな悪影響が及ぶことが示されている。代表的なものとしては、スマホなどの画面を長時間見続けることによる視力の低下や目の疲れ、不良姿勢でスマホを使い続けることによる首の疲れや肩こり、頭痛、吐き気、倦怠感などが挙げられる。

　また先述したような睡眠不足、欠食や偏食といった不規則な食事、さらにネットばかりしていて運動不足になることは、育ち盛りの子どもに重大な悪影響が及ぶ（樋口、2013）。成長を促すホルモンは睡眠中に分泌され、まさに「寝る子は育つ」であるが、インターネットにハマると寝ないので体が育たない。10代で低栄養状態になり身長や体重、筋力の発育に異常が見られた人、運動量が減って筋力や体力が低下し、過去に運動部などで活発に動いていた人でも持久力などが平均以下まで落ちた人、栄養が十分でない上に運動をせず日に当たらない日が続いたことにより骨粗鬆症に近い状態になった人など、さまざまな体への影響が報告されている（樋口、2013・2018）。

　さらに、精神的にも乱れることが報告されている。ネットやゲームが生活の中心になり、それ以外のことには煩わしさや苛立ちを感じるようになるのである。例えば食事や運動など、それまでは楽しめていたことに意欲や関心をもてなくなる、無感動・無表情になるといった「意欲・関心の低下」、実生活ではイライラしやすくなり、ネットやゲームについて注意されると攻撃的な言動をとったりする「イライラ・攻撃性」が挙げられている（樋口、2018）。

（3）日常生活・学校生活への悪影響

　インターネットに依存した生活が続くと、日常生活や学校生活にも悪影

響がみられるようになる。1点目は経済面についてである。無料とうたっているゲームでも、ゲームを優位に進めるためのアイテム購入費や、月額使用料、ダウンロード料金など、結局はお金がかかってしまうゲームもある。このようなお金は、実際にお金を払うわけではなく、クレジットカードや携帯電話の月額料金と一緒に引き落とされることが多いため、実感として払っている感覚になりにくい。そのため、1回1回の課金額は少なくても、それが積み重なって多額のお金が請求されることもある。実際、1カ月で100万円以上も使い、請求書がきて親が驚くといった事例もある。

　また、ゲームを優位に進めるためのアイテムほしさに、家族の財布からそっとお金を抜いた子、祖父母のたんす貯金を盗む子、子ども部屋に大量のウェブマネーの領収書を見つけたという親の事例なども報告されている（樋口、2013）。その背景には、ゲーム会社が収益を得るために凝らしている工夫（例：通知、毎日のログインボーナス、期間限定イベントなど）があることも忘れてはならない。

　2点目は学校生活への悪影響である。生活習慣や食習慣などの基本的な生活習慣が乱れてしまっては、いくら学校へ行くことができても授業や部活動、学校行事に集中することができない。また、次第に遅刻や欠席が増える、自宅でも勉強に身が入らず成績が低下する、それによって不登校や留年、中退といった結果になるケースもある。これまで元気よく学校に通っていたのに、急に最近遅刻や欠席が気になるようになった、これまで勉強や部活動に精力的に取り組んでいたのに授業や練習に出てこなくなった、成績が低下傾向になったというような児童生徒が見られたら、それだけでインターネット依存とは断言できないが、少し気にかけて本人や保護者と話してみていただきたい。

　その中で、「最近スマートフォンを持ち始めた」、「スマートフォンを買ってから家族との会話が減ってきている」、「ネットやスマホのことで隠し事をしたり嘘をつくようになった」など、インターネットやスマートフォンがキーワードになった発言や様子が見られた場合は、要注意である。それ以外にも、児童生徒の中にはInstagramやTwitterをはじめとするSNSにおいて不特定多数の人と交流したり、TikTokで自分の顔を晒して配信

している子もおり、そのような児童生徒の利用行動には特に気をつける必要がある。

（4）インターネットに依存しやすい人の特徴

　同じようにインターネットやスマートフォンを持ってゲームや動画視聴を楽しんでいても、依存してしまう人とそうでない人がいる。そして、ネット依存になりやすいタイプを樋口（2017）は、以下の三つに分類している。

　1点目は、子どもの頃からさまざまな勝負事や賭け事が好きで、学校の成績も悪くないタイプである。本人がもつ要因としてよくみられるのは、中学生・高校生の場合、成績が良い（良かった）者が多いということである。そして、ゲームや勝負事が元来好きであることである。ごく幼い頃からポケモンなどのゲームに親しんでいた人が目につくそうである。

　2点目は、人と付き合うのが苦手で、友達をつくれず、引きこもりになりやすいタイプである。実生活では自分に自信がもてず、対人関係をうまく築くことができないタイプや、友人がなかなかつくれない、人と付き合うのが苦手というタイプの人である。人間関係上のトラブルを起こしたり、友人をつくれない寂しい思いから、引きこもりになり、ネットの世界だけが他人との接点になっていくのである。

　3点目は、ADHD（注意欠如・多動性障害）の傾向、ASD（自閉症スペクトラム障害）の傾向、社交不安障害の傾向があるタイプである。発達障害の傾向がある場合、場の空気を読むことができない、人との関係をうまくもつことができないといった特性があるので、直接会話しなくてもコミュニケーションがとれるネットの世界にハマりやすいのである。落ち着きのない ADHD の子どもは、何か興味をもつとそのことだけに熱中するので、インターネットにそのこだわりが向けられると、本人は目的もなく、ひたすらインターネットをやり続けることになってしまう。また ASD があると、苦手な学習項目があったり場の空気が読めなかったりして引きこもりやすい。社交不安障害があると、人前で何かすると緊張してしまい、自分だけの世界に逃げ込みたくなる。このようなことがインターネットに向けられることもあるのである。

3　インターネット依存予防のための取組

（1）学校教育現場に求められる教育や対策

　これまで述べてきたインターネット依存について学校教育現場では、現在のところインターネットそのものをあまり使っていない、もしくはインターネット依存のリスクが低い児童生徒、および心身の健康や発達、学力や学習面、金銭面など、日常生活に多少の悪影響が見られている中程度の児童生徒への教育や対策が求められている。前者の児童生徒に対しては、今後インターネット依存に陥らないように予防するため、後者に対してはこれ以上深刻な状態にしないようにするためである。インターネット依存が進んでいて深刻な状態の場合は、現実的に学校で対応することは難しいため、先述したインターネット依存を専門とする医療機関に治療や対応を任せるのがよいであろう。

　（2）以降では、著者らがインターネット依存を予防するために実際に行った取組や授業実践の事例を取り上げている。小学校、中学校、高等学校の学習指導要領では、各教科の指導に当たっては、児童生徒が情報モラルを身につける学習活動を充実させる旨の記述がなされている。具体的には、総則（小・中・高）、道徳（小・中）、技術・家庭（技術分野）（中）、情報（社会と情報・情報の科学）（高）において、それに関する記述が見ら

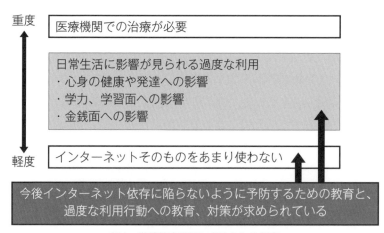

図1　学校教育現場に求められる教育

れるが、このような事例が今後の先生方のインターネット依存の予防や改善のための取組や教育実践の参考になれば幸いである。

（2）スマホサミット

　大阪、兵庫、岡山など、西日本の地域で行われているのが「スマホサミット」である。スマートフォンが急速に普及し、ネットトラブルが相次ぐ中で、子ども自身に自分たちで解決法を探る機会を与えるために 2012 年頃に始まったものである。

　子どもたち自身が課題を見つけるところから始めるのが特徴である。多くの場合、項目から自分たちで考えたアンケート調査を行い、そこで見つかった課題から、自分たちのスマホ使用の長所、短所を話し合う。議論の中で見つかった課題をいかにして解決するか、子どもたち自身が意見を出し合って取組を進める。取組の主体はあくまで子どもたち自身で、大人はサポートに徹している。

　2015 年の「OSAKA スマホサミット」では、中高生たち自作のアンケート調査を 2 万人を対象に実施。その分析結果から対策を話し合った。中高生のスマホ使用が一般的になりつつあり、もろもろの課題が浮かび上がりつつある時期だったので、子どもたちは「スマホ 3 箇条」を策定し、それぞれの啓発のための動画づくりに取り組んだ。2016 年「OKAYAMA スマホサミット」では、スマホの使い過ぎを警告する「桃太郎アラーム」というアプリを株式会社 DeNA に協力してもらって作り上げた。その過程は地元紙に継続的に取り上げられた。産官学で子どもたちの取組を支援するモデルケースになっている。

　いずれの場合も、大人が一般論的な対策を押し付けるのではなく、子どもたちが主体的に考えることによって、より実効性のある対策が生まれた例である。このような活動が全国的に広がっていけば、ネット依存の予防効果はさらに上がると思われる（樋口、2017）。

（3）R-PDCA サイクルを活用した実践

❶ はじめに

　第一筆者がインターネット依存の予防教育に関する研究を開始した2009 年に「『子どもの携帯電話等の利用に関する調査』の結果」（文科省、

2009）によって、インターネットを利用する高校生の望ましくない依存的な利用実態がクローズアップされた。またその後、大井田（2013）の調査の一次資料の一つであるプレゼンテーション資料〈1〉によって、インターネット依存の中学生、高校生が約51万8千人に上ることが推計されたことにより、この頃からこの問題が日本国内でも大きく注目されるようになった。

　そして、特に携帯電話（スマートフォンを含む）の所持率が9割を大きく上回る高校生は、樋口（2013）の「誰もがネット依存への入り口に立っている」という、どのユーザーにも依存してしまう可能性があることを示唆する指摘を踏まえると、どの生徒にも依存してしまう可能性があると考えられた。したがって、高校生に対するこのインターネット依存の問題は、今後早急に改善、解決されていかなければならない喫緊の課題であると言える。

　そのため、このような状況を改善するためにインターネット依存を予防、改善することを目的とする教育を行うことの必要性が、近年広く指摘されてきていたが、これまでそれに関わる研究や教育はほとんど行われてきていなかった。また近年では新たな視点として、このような教育を行う際には、依存的な利用や意識を変えるだけでなく、生徒にインターネット社会に適応して生きていくことができる力を育てることも求められるようになってきている（鶴田、2016）。そこで第一筆者（鶴田）は、教育的観点から高校生のインターネット依存の改善・解決と、生徒にインターネット社会を適応的に生きていくことができる力を育てることを目指すという問題意識のもとに、高等学校の情報科教育での教育実践を通して、このような教育を行う上での効果的な教育方法の確立と提案を目的とする教育実践研究を行ってきた。

　そして「本稿（3）R-PDCAサイクルを活用した実践」では、その成果としてまとめた鶴田（2012）および鶴田・田中（2012）、「（4）1年間を通したインターネット依存改善のための教育実践による生徒の依存傾向の経時的変容」では鶴田・野嶋（2015）について報告する。

❷　インターネット依存改善のための教育実践研究の先行事例とその課題

　先述の調査の結果などによって高校生の望ましくないインターネットの利用実態やインターネット依存の問題が表面化されたことにより、この問題に対する対応や教育の必要性が少しずつ指摘されるようになっていった（田中、2009a）。しかしこの問題に関する先行研究を整理してみると、心理的側面に焦点を当てたものは国内外において数多く蓄積されてきているが（青山・五十嵐、2011）、その一方で教育に焦点を当てた研究はわずかである。そのような中で、教育に関する先行研究では、ネット依存症や、ケータイ依存などを主題とした単元プランの開発や授業実践が挙げられた（藤川・塩田、2008）。

　ところが、これをはじめとするインターネット依存に関する教育実践研究には、その教育方法に課題があると考えられた。それは、このような授業実践の多くは視聴覚教材や読み物教材が用いられ、そこに登場する人物の問題行動に関して話し合いなどの活動が行われ、最後に今後の自分自身のインターネット利用のあり方や付き合い方について考える活動で締めくくられるという流れで行われる点である。

　その理由は、このような授業スタイルでは、授業は教材を中心に進められることから、生徒は授業内で自分自身の利用状況を振り返ったり、依存傾向の現状を把握したりする機会をもつことがないまま授業が進められることになる。そのため、生徒は自身の日常生活でのインターネット利用を意識しながら学習に取り組めているのか、また授業の最後に今後の利用のあり方について考える際に、彼らが教材から自身の実生活での利用に置き換えてしっかりと考えられているのかという点に疑問が残ると考えられたためである。さらに、生徒がそれを考えるところで授業が終わってしまうため、考えたことを日常生活で実際に行動に移すかどうかは、全て彼らにゆだねられる形となっていることも課題であると考えられた。

　以上により、従来のインターネット依存に関わる教育実践では、学習が教室の中での活動として収束してしまっており、授業を通して生徒に自身の日常生活でのインターネット利用を十分に意識させるまでには至っておらず、授業が彼らの日常生活での利用に活かされていない可能性があるの

ではないかと考えられた。そこで、このような授業を行う際には、生徒自身のインターネットの利用状況や利用行動に目を向けさせることによって普段の日常生活での利用を意識させながら実践を進めていき、その上で必要に応じて彼らの利用行動の改善につなげることができるようにする教育実践が必要と考えた。

❸ 依存防止プログラムの分析

　そこで、このような課題を改善した教育実践を行うための単元開発を行う上で、アルコールや薬物などの依存に関する依存防止プログラムや依存回復の手法から、単元開発に活かすことができる教育的知見を得ることが有効ではないかと考えた。その理由は、インターネット依存は現在のところ依存症としては明確に定義されていないが、アルコール依存などの他の依存症と同様に自分自身の力でコントロールすることができず、それによって生活リズムや心身の健康状態を乱すという点では変わらないためである（白川・長尾、1999）。このような理由から、さまざまな依存防止プログラムや依存回復の手法に関する先行研究の分析を行った。

　そして、生徒の生活習慣を見直し、必要に応じて改善させる学習活動を取り入れることが重要であると考えた。それは、渡辺（2007）は「依存症にかかっていると心の持ち方を変えることは困難であるため、行動面から変えていく。そのためには生活スタイルを見直すとよい」としており、依存状態の現状の生活習慣を分析し、その結果を踏まえて改善を目指していくことが有効であると述べている。

　これを踏まえて、生徒のインターネット依存改善のための授業実践を行っていく上で、まず生徒に自身の利用行動を分析（【R】）させることによって、その問題点や課題を考えさせるとともに、インターネット依存は自分自身にも関わる可能性のある、身近で危険な問題であることを生徒に認識させる。次に、その分析を踏まえた上で自身の利用行動を改善するための改善目標を検討させる（【P】）。その後、それを守った利用ができるように一定の期間、取組を行わせ（【D】）、その取組に対する成果、反省点について検討する自己評価（【C】）を行う。最後に、それを踏まえたさらなる改善目標の再検討（【A】）を行わせるという順序でR-PDCAサイクルの活

動を行うことにより、生徒の依存的な利用行動の改善につなげていくことができるのではないかと考えた。

❹ R-PDCA サイクルをインターネット依存改善ための教育に活用する意義

　今回の実践を進めていく上で活用することとした R-PDCA サイクルは、Research（診断）、Plan（計画）、Do（実施）、Check（評価）、Action（改善）という一連の活動を通して、子どもの自己の学習や生活のあり方を自律的に改善する力である自己マネジメント力の育成を目指すものである（田中、2009b）。これまでこの R-PDCA サイクルは、教育現場では主に学力向上を目的に用いられてきた手法である（Benesse®教育開発センター、2005）。

　従来、企業をはじめさまざまな組織で用いられてきた PDCA サイクルは、企業が利潤追求や安全確保、顧客や労働者の満足度を最大にするために、それぞれの企業内プロジェクトのマネジメント手法として、計画・実施・評価・改善というプロセスを踏むためにつくられた経営モデルである。そしてこれを教育工学の研究に適用すると、例えば学力向上のためのPDCA サイクルは、学力向上に効果的なカリキュラム計画や授業計画、学

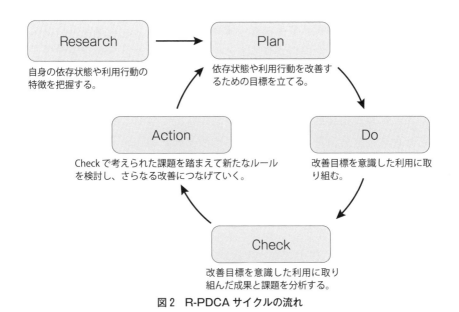

図 2　R-PDCA サイクルの流れ

校経営計画などを開発し（Plan）、それを着実に実施し（Do）、その成果を
きちんと評価し（Check）、その評価結果を受けて次の改善計画をつくっ
て実施する（Action）という一連の学力向上の取組のマネジメントプロセ
スになる。そして、それをさらに発展させたR-PDCAサイクルは、Plan
の計画段階前に行う事前の実態調査（Research）の重要性を強調し、
Planの計画段階を、事前の調査結果を踏まえた改善プランを作成する段
階に高めることができるというメリットをもつものである。これによって、
各学校は年度末もしくは年度当初に学力調査を行い、その結果に対応させ
て授業と学校運営の改善プランを作成できるようになった（統計数理研究
所、2010）。そして田中（2009b）は、このR-PDCAサイクルの具体的活動
例を示した上で、子ども自身が家庭での学習や生活習慣を自己改善するた
めの手法としてこれを活用することが有効であることを示している。した
がって、この活動を本節における授業実践に取り入れることによって、生
徒の日常生活でのインターネットの利用行動を改善することを目指した実
践を行うことができるのではないかと考えた。

　そこでここでは、このR-PDCAサイクルの活動をインターネット依存
の予防、改善のための授業実践で取り入れる意義について述べる。まず
【R】では、授業の最初に生徒自身の依存状態やインターネットの利用状況
の現状とその問題点を把握させることにより、生徒が自らの問題意識とし
てインターネット依存の問題を捉え、常に日常生活での利用を意識しなが
らその後の学習に臨むことができるようになる。【P】では、【R】の活動で
明らかとなった生徒自身の依存状態や利用状況の現状と問題点を踏まえ、
彼らが現在の自分自身に必要な利用行動改善のためのルールを設定するこ
とができる。次に【D】では、【P】の活動において生徒が考えたルールを、
ただ考えさせるだけで終わるのではなく、彼らがそれを意識して実際の日
常生活での利用行動に移す機会を授業実践の中に設けることができる。以
上の点から、先述した従来の教育方法の課題が改善できるのではないかと
考えられる。さらに【C】では、生徒が【D】の取組に対する自己評価を行
い、自分自身の取組を客観的に分析することにより、取組の成果や今後の
課題、さらなる利用行動の改善点を明確にすることができる。最後に【A】

では、【C】で見出された今後の課題や改善点を踏まえて生徒が新たなルールを設定し、さらなる改善につなげていくことができる。また、一度 R-PDCA サイクルの活動を経験することによって彼らが一連の活動の流れを把握することができれば、授業後も生徒が自分自身で自主的に継続して取り組むことができるようになると考えられる。以上より、この R-PDCA サイクルの活動をインターネット依存の予防や改善のための授業実践に取り入れる意義があると考えた。

❺　授業実践の概要

　これまでに述べてきた内容、依存防止プログラムの分析から得られた知見を踏まえて R-PDCA サイクルを活用したインターネット依存の予防、改善のための授業の単元構成を行った。そして、2009 年 7 月から 9 月の期間で、K 高等学校の情報科の授業内において計 8 時間の枠組みで第一筆者（鶴田）が授業実践を行った。対象は 3 年生 3 クラスの計 137 名（男性 100名、女性 37 名）であった。授業実施日と授業実践の概要は**表 1**に示すとおりである。なお実践の詳細については、紙幅の都合上、鶴田（2012）、鶴田・田中（2012）を参照されたい。

❻　質問紙調査に基づく授業実践の評価

　このようにして行った授業実践の成果と課題について、学習者 137 名を対象に行った質問紙調査の分析を通して検討した。その結果、下記のように、この実践を通して学習者の利用行動が改善したことが確認された。

● 学習者の 1 日の平均利用時間が授業前の 1 時間 37 分から 49 分に、メールの送信件数が 24 件から 13 件に減少した（いずれも $p < .01$）。
● 自分で決めたルールを意識してインターネットを利用している学習者が40 名から 101 名に増加した（$p < .01$）。

　以上より、R-PDCA サイクルの活動が学習者のインターネットの利用行動の改善に有効であることが示唆された。その一方で、本実践において開発した単元が、学習者のインターネット依存の状態に応じた授業設計になっていなかったこと、現代の高校生にみられやすい依存傾向の特徴に焦

表1　授業実践の概要とR-PDCAサイクルの位置づけ

日程	授業実践の概要	授業・学習活動の目的	R-PDCA サイクル
7/11	・インターネット依存に関するビデオの視聴 ・自分自身の依存状態と、インターネットの利用状況について自己分析	・インターネット依存が自分自身にも関わり得る危険な問題であることを認識することができる。 ・自身の依存状態と利用状況を客観的に分析し、その特徴や問題点を考える。	【R】
7/15	・インターネット依存によって及ぼされる悪影響について調査研究	・インターネット依存に陥ることによってもたらされる悪影響について調べ、この問題の危険性を認識することができる。	
7/22	・インターネット依存の要因、インターネット依存の予防、離脱方法について調査研究	・人がインターネット依存に陥る要因や理由について調べ、自分が陥らないようにするために気をつけるべきことを考える。	
7/25	・インターネットの望ましい利用方法について考える ・夏休み中の使用改善計画表の作成	・自身の依存状態や利用状況の分析、これまでの学習を踏まえ、自身のインターネット利用に関わる行動改善のために意識するべきルールとしての目標を考えることができる。	【P】
夏季休暇中は、使用改善計画表に基づく実践		・自身が考えたルールを意識したインターネット利用に取り組む。	【D】
9/2	・夏季休暇中の使用状況について分析	・ルールを意識した利用に取り組んだ成果と課題について考える。	【C】
9/5	・使い方宣言文の作成	・これからの自分に必要なルールを考えることができる。	
9/9	・使い方宣言文の発表会	・授業を終えてもルールを意識した利用を心がけ、インターネットを適切な方法で有効に使っていこうとする意識をクラス全体でもつことができる。	【A】
9/12	・使い方宣言文の発表会 ・授業全体のまとめ、振り返り		

点を当てた学習になっていなかったことなどが今後の授業改善のための課題として挙げられた。そしてこのような課題が考えられた理由として、高校生のインターネット依存の状態を測定するための尺度が現存しておらず、高校生にみられやすい依存傾向の特徴もこの時点では明らかにされていなかったことが考えられた。

（４）１年間を通したインターネット依存改善のための教育実践による生徒の依存傾向の経時的変容

❶ 高校生向けインターネット依存傾向測定尺度の開発

　まず、先述の実践を通して考えられた課題を改善した教育実践を行うことができるようにするために、高校生にみられやすい依存傾向の特徴を明らかにし、生徒のインターネット依存の状態を測定することができるようになることを目的に、高校生のインターネット依存を測定する尺度の開発を試みた。

　尺度作成に当たっては、既存の尺度項目を参考にしたものに、現在の高校生のインターネット依存の状態を表す項目を付け加えるために行った予備調査をもとに検討したものを加え、計 62 項目を作成した。その後、高校生 376 名を対象に本調査を実施した。そして最尤法、promax 回転による因子分析を行い、精神的依存状態因子、メール不安因子、長時間利用因子、ながら利用因子、対面コミュニケーション不安因子の 5 因子を見出した。そして、この 5 因子 39 項目からなる高校生向けインターネット依存傾向測定尺度を開発した。

　その後、開発した尺度の信頼性と妥当性について検討した。まず尺度の信頼性については、Cronbach の α 係数を算出し、尺度全体では α = 0.915、各因子については α = 0.782〜0.886 の値を示した。したがって、作成された尺度には一定の信頼性が保証されていると考えられた。次に尺度の妥当性について検討したところ、精神的依存状態因子、長時間利用因子は先行するインターネット依存研究から抽出された因子であり、メール不安因子、ながら利用因子、対面コミュニケーション不安因子は、今回の新たな調査研究に基づいて作成された項目群から構成される因子であった。特にこの後半の三つの因子は Rosen ら（2012）が指摘した iDisorder の

特徴的な因子に類似していることから、構成概念妥当性の点から妥当性が備わっていると考えた。この尺度に関わる質問項目などの詳細については、鶴田ら（2014）を参照されたい。

❷ 単元開発・授業実践の概要

そして、このような尺度が開発されたことを踏まえ、高校生にみられやすい依存傾向の特徴を改善することを目的とした教育実践を行った。その中でも特に、学習対象の生徒のインターネット依存の実態を事前に測定した上で授業設計を検討している点、日常生活の利便性を高めるインターネットの有効な利用の大切さの意識をもたせることを目的としている点などが、これまでのインターネット依存の予防、改善を目的とした教育実践やそれに関わる研究ではみられなかった本実践の特色である。また、実践校の情報科教育のカリキュラムの中に生徒のインターネット依存を予防、改善するための教育を計画的に位置づけて1年間にわたって継続的な教育実践を行ったことも特徴的な点である。

この実践は、私立B高校の1年生41名を対象に2013年4月から翌年2月末の間で第一筆者（鶴田）が行った。なお単元開発に際しては、B高校の情報科の他の学習の進度に大きな支障をきたさないようにするために、B高校の各学期のカリキュラムからは極端に逸脱せず、これに沿った中で本実践を行うことができるように単元を検討している。そして、1学期はメール不安因子と対面コミュニケーション不安因子に、2学期は長時間利用因子とながら利用因子に、3学期は精神的依存状態因子に焦点を当てた授業実践を行った。なお、(3)の実践で学習者のインターネット利用行動の改善に有効であることが示唆されたR-PDCAサイクルの活動は、2学期に焦点を当てた因子がどちらも高校生の依存的な利用行動を表していると考えられたことから、この期間に3回にわたって継続的に行っている。授業実施日と授業実践の概要は**表2**に示すとおりである。なお実践の詳細については、紙幅の都合上、鶴田・野嶋（2015）を参照されたい。

❸ 質問紙調査に基づく生徒の依存傾向の変容の分析

先述した高校生向けインターネット依存傾向測定尺度を用いて授業前、1学期終了時、2学期終了時、3学期終了時、授業終了後約3カ月後の5回

表 2　授業計画と学習活動の概要

日程	回数	学習活動の概要
4/15		鶴田ら（2014）の尺度を用いた事前調査（調査 1 回目）。
4/22	1 学期 1 回目	メールの送受信の仕組み、情報伝達のモラルなどに関する講義、およびメールの使い方に関する実習。
5/13	2 回目	ロールプレイングの活動を通して「対話」、「電話」、「メール」などのさまざまなコミュニケーション手段の特徴、日常生活の利便性を高めるコミュニケーションツールの利用のあり方などについて考える学習。
5/27	3 回目	「メールや SNS を利用するときに不安やイライラを感じないで使えるようになるために、お互いが普段から心がけておくこと」、「日常生活の利便性を高めるための効果的なコミュニケーションツールの利用のあり方」のテーマについてグループ討論。
6/24		1 学期終了時点での調査（調査 2 回目）。
9/30	2 学期 1 回目	2 学期中に行う R-PDCA サイクルの活動の目的、期待される効果、活動計画などについて解説。 〈課題〉1 週間の利用状況を記録する。
10/7	2 回目	1 週間の記録、事前調査の結果を踏まえた自身の依存状態や利用状況の問題点の把握【R】、およびそれを改善するための改善目標の検討【P】。〈課題〉2 週間の取組とその記録【D】。
10/21	3 回目 以降	自己評価による取組の振り返り【C】と新たな改善目標の検討【A】。その後、11/11、25 に本時と同様の活動を実施した。
11/25		2 学期終了時点での調査（調査 3 回目）。
1/20	3 学期 1 回目	「インターネットに依存することによってもたらされる心身や日常生活などへの悪影響」、「若者が依存してしまう要因、理由」などについて調査研究の活動。
1/27	2 回目	前回の授業でまとめた内容について、4 人 1 組になって意見交換。「なぜ人はインターネットに依存してしまうのか」、「インターネットに精神的に依存してしまうのはなぜ危険なのか」などについてグループ討論。
2/17	3 回目	「インターネットの特性を活かし、日常生活の利便性を高め、生活を豊かにする有効なインターネット利用のあり方」についてグループ討論。授業全体の総括、まとめ。
2/24		3 学期終了時点での調査（調査 4 回目）。
6/7		授業終了 3 カ月後での調査（調査 5 回目）。

にわたって継続的に調査を行い、授業実践を通した生徒のインターネット依存傾向の経時的な変容について分析した。これについて分散分析を行ったところ、$F_{(4, 152)} = 2.68 \sim 178.27$（全て $p < .01$）の結果を示した。さらに多重比較を行ったところ、1年間の実践を通して学習対象の生徒の各因子の尺度得点が減少し、授業終了後約3カ月後の調査においても授業終了直後の結果と概ね同様の結果であったことが示された。また、学習者の1日の平均利用時間が授業前後で 122 分から 71 分に減少し、メールやSNS のメッセージ等の送信件数も 55 件から 37 件に減少していたことも確認された（いずれも $p < .01$）。したがって、この実践を通して生徒の依存的な意識や行動が全体的に改善され、その状態が授業後も概ね定着していると考えられた。

　また、生徒が自身のインターネット利用に関わる意識や行動について、授業前後での変化をどのように認識しているのかについて自由記述による調査を授業終了後に行った。その結果、約 88% の生徒から、授業を通してインターネットを有効に利用することの大切さを意識して行動するようになったと認識している旨の回答を得た。以上より、この1年間にわたる実践は、生徒のインターネット依存傾向やインターネットの有効な利用に関わる意識、行動の改善およびその定着に有効であったことが示唆された。なお、生徒の依存傾向の変容に関する詳細な分析結果等についても鶴田・野嶋（2015）を参照されたい。

❹ 実践の成果

　高校生のインターネット依存改善のための教育実践において効果的な教育方法として示唆されたことは、下記のとおりである。先生方の今後の実践や取組の一助になれば幸いである。

- R-PDCA サイクルの活動を取り入れることによって、授業と生徒の日常生活でのインターネット利用を関連させながら実践を進めることで、彼らの利用行動の改善を促すこと。
- 尺度開発を通して高校生にみられやすい依存傾向の特徴として得られた5つの因子に関する内容を授業で取り上げること。

● インターネットの依存的な利用には気をつけさせながらも、インターネットを有効に利用することの大切さの意識も高めることができる学習活動も取り入れること。
● 各学校の情報科教育のカリキュラムの中にインターネット依存の予防、改善のための教育を計画的に位置づけ、できる限り継続的に教育実践を行うようにすること。

4　教員研修におけるポイント

（1）スマホ・インターネットに対する意識改革

　最後に、このインターネット依存についての教員研修におけるポイントを述べていきたい。まず 1 点目は、先生方のスマートフォンやインターネットに対する行動や意識を変えていくことである。

　多くの子どもたちは異口同音に「ネットのことを知らない人からいくら言われても心に響かない」と言う。ネット上の心地よさや、逆にネット以外のつらさがあってネットに逃げている心境など、インターネット依存を経験した人にしかわからない、悲しさやつらさがあると言う。また、今の日本社会で行われている多くのネット対策に対して、彼らの多くは大人の言葉を信用しておらず、「また始まった」、「知らないおとなのタワゴトだ」など、はじめから白けて聞いている。多くの場合、自分たちよりネットのことを知らない人が怖い怖いと大合唱しているにすぎないと感じている。もちろん保護者や教員をはじめとする大人は一生懸命リサーチして、熱心に危険をプレゼンするのであるが、その多くは子どもたちのリサーチ力の足元にも及ばず、子どもたちにまさに一笑に付されてしまうのである（竹内、2014）。

　また、第一筆者（鶴田）が高校に勤めていた際に、インターネットやスマートフォンのことで何か困ったら誰に相談するのかと生徒に聞いたとき、ほとんどの生徒は「先生には相談しない」と言っていた。その理由を聞いてみると、「だからスマホを持つなと言っただろう、と逆に怒られる」、「スマホのことはよくわからないから情報系が得意な先生に相談してくれ、と

以前の担任に言われた」、「学校の外での問題を学校にもってくるな、と言われたことがある」等々の経験が背景にあることが明らかとなった。これでは、子どもたちから信用してもらうことはできないし、インターネットのことで何か問題や心配事が起こったとしても、早期発見できず、対応が遅れてしまい、気づいたときにはどうしようもない状態になってしまうことにつながる。

　そのような子どもたちから、インターネットのことで信用してもらうためには、教師がインターネットやスマートフォンのことを前向きに捉え、子どもたちから信用してもらえるだけの知識を得て、時には子どもたちの間で流行っているものを実際に体験することによって最新の事情を学ぶことが大切である。その上で、日頃からネットやスマホのことについてホームルームや休み時間などに子どもたちと話をする機会をつくっていくことで、彼らから信頼してもらい、何かあったときにはすぐに相談してもらえるようにしていくことが必要である。

　具体的にインターネット依存に関することでいえば、教員研修において下記のようなことを押さえ、先生方の間で共有しておいていただきたい。その上で、どの授業でどのような予防教育ができるのかを検討し、実施していくことが必要である。

● 最近のスマートフォンの機種はどのようなものがあり、どのような魅力的な機能があるのか。
● 子どもたちの間で流行っているゲームやアプリにはどのようなものがあるか。そしてどのような楽しみ方をしているのか。
● そのようなゲームやアプリをする上で、子どもたちが依存してしまう要因になり得るものには、どのようなものがあるのか。

（2）インターネット依存について学び、適切な対応を
　2点目は、本節で取り上げたようなインターネット依存についての知識を得ておくこと、そして適切な対応をとることができるようにすることである。本節で取り上げたものをはじめ、近年インターネット依存に関する

書籍は多数出版されている。そのようなものを参考にしながら、インターネット依存について、どのような児童生徒が陥りやすいのか、依存した児童生徒が見せる行動のサインにはどのようなものがあるのか、そこまで熱中する背景にはどのようなものがあるのかなどについて学んでいただきたい。そして、もし依存した児童生徒が見られたら学校としてどのように対応していくのか、保護者や医療機関などとどのように連携していくのかなどを想定し、インターネット依存のことで気になる児童生徒が見られたときに適切な対応ができるよう検討しておく必要がある。

　そして、もしインターネット依存の児童生徒が見られた場合の対応のポイントとして、「改善・解決を焦らない」ことが挙げられる。インターネットに依存しているということは、そういった生活が一定期間続いているということであり、簡単に生活習慣をあらためることは難しい。また、ネットやゲームに依存している本人は、利用方法や利用額をエスカレートさせていながらも、心のどこかで「このままではまずい」と思っているものだが、そう思っているときに家族や教師から「少しは考えて」などと、わかっているつもりのことを指摘されると、嫌な気持ちになってしまう（樋口、2018）。

　実際、インターネットやゲームを完全にやめる、遮断するというのは現実的ではない。やりすぎないように調整できるように、どこかで折り合いをつけて依存に陥らずにすむように、時間をかけて依存の程度が低くなっていくような対応を心がけていただきたい。具体的には、結論を急がず本人とじっくり話し合うこと、あなたのことが心配であることを根気強く伝え続けていくこと、次の（3）で後述するが、乱れた生活習慣を少しずつ立て直せるように促していくことが大切である。その上で、学校では運動や作業をする機会を設けてリアルに体を動かすことの気持ちよさを体験させてあげたり、係や委員の仕事を与えて全うさせることにより充足感や肯定感、満足感を与えてあげることなど、スマホやネット以外におもしろい！　楽しい！　心が満たされる！　というような機会を多く設けてあげることが効果的であろう。

　インターネット依存は生活習慣の改善によって必ず改善していくが、そ

の速さや程度には個人差がある。しかし、ネットやゲームは身近なものなのでふとしたことがきっかけで依存が再発してしまうこともある。勉強中、ネットで調べものをしているときに、ゲームに手が出てしまうということもある。依存という病気は一朝一夕に解消するものではないため、じっくりと時間をかけて折り合いをつけられるよう、子どもたちをサポートしていきたいものである。また、インターネット依存の可能性がある児童生徒がいたときの相談体制や支援体制を構築しておくことも効果的であろう。先述したように、インターネット依存は早期発見、早期対応が何よりも大切である。そこで、相談、支援体制をしっかりと確立しておくことにより、依存を深刻化させないようにすることができる。児童生徒からも気軽に相談できるような関係をつくっておき、子どもたちの意向を尊重しながら対応できるようにしておきたいものである。

（3） 定期的なモニタリングとルールづくり

　3点目のポイントは、定期的なモニタリングとルールづくりである。まずモニタリングについて、子どもたちの依存のリスクはどの程度なのか、子どもたちは今、スマホやインターネットをどのように使っているかなどを把握しておくことは、依存が進んでいる児童生徒を発見したり、今後、依存してしまいそうな児童生徒を発見する上で効果的である。また、児童生徒の依存の状態に対応した教育を行っていく上でも効果的である。本節で紹介した尺度だけでなく、近年ではスマホ依存に特化した尺度（戸田ら、2015）をはじめ、インターネット依存の状態を測定することができる様々な尺度が開発されている。日常的に調査を行うことは難しいが、新年度始まってすぐの4月、夏休みが始まる前、夏休みが終わった後、冬休みの前後、年度末など、継続的に調査を行い、児童生徒の変容を把握し、彼らの些細な変化を常に発見できる状態をつくっておくことは大切である。

　また、R-PDCAサイクルの実践で述べた内容と重なる部分もあるが、子どもたちが今、スマートフォンやインターネットをどのように、どれぐらい使っているかを把握することは、彼らにとっても今の自分の利用状態を客観的に把握する上で効果的であるが、先生方にとってもなかなか把握しにくい彼らの利用行動や最近の流行を把握する上で効果的である。そこで

樋口（2013・2018）のような、1 日 24 時間の行動（起床、就寝、食事、入浴、ネット使用など）を記録できる行動記録表を作成し、活用していただきたい。ネットについては、どのようなサイトにアクセスしたか、何のゲームをしたか、その時の気持ちや感想などを書けるようにしておくと効果的である。現実的に毎日とることは難しいため、可能な範囲で子どもたちに記録をとってもらい、本人、保護者、先生方の間で、ネットやゲームが実際の生活にどの程度影響しているのかを確認できるようにしておくとよいだろう。

　その上で、子どもたち一人一人の状態がわかってきたら、行動の見直しを目的としたルールづくりに移っていく。授業参観において子どもと保護者で一緒にルールを考えたり、各クラスの児童生徒の利用状況や依存状態を踏まえてクラス全体のルールを考えていくことがよい。その時に重要なことは、大人主導にならないことである。大人主導になってしまうと「1日〇時間まで」、「〇〇へのアクセスは禁止」など、場合によっては子どもたちにとって非現実的なものになってしまうことがある。そのため、大人主導で考えるのではなく、子どもたちの意見や考えを主体にしながら、家族やクラス全員が納得でき、現実的に達成できそうで意味のあるルールをつくり、それが達成できたらあらためて次のルールを考えていくとよい。ルールの例としては、「夜〇時になったらスマホを居間に置く」、「課金額の上限は〇円とする」、「今までより 1 時間、利用時間を減らす」などが挙げられる。

　さらに、ルールは家族やクラス全員で守らせることが重要である。例えば、本人だけがルールを守らされ、それ以外の家族は自由に使っているという状態では、ルールを守ろうという意欲は生まれないからである。ルールを学級掲示や自宅の居間に貼るなどして、みんなで守ってネットやスマホの使い方を見直そう、という雰囲気をつくりたいものである。

（4）保護者・医療機関との連携

　最後に保護者・医療機関との連携についてである。インターネットやスマホ利用の多くは、学校外の場所で行われるため、教師がずっとモニタリングすることは当然不可能である。そのため、保護者との連携は非常に重

要である。その中でまず、学校だよりや学級だよりを通したインターネット依存の予防に関する啓発、授業参観や保護者会などでの啓発活動などを通して、保護者にも彼らたちのインターネット依存について危機感をもってもらい、場合によっては彼らたちの依存の進行を予防するために協力を得ることが重要である。また一方で、保護者がインターネットに依存していて、家事や育児をしっかりとこなしていないケースもある。「スマートフォン利用動向調査2016」（SEGA Games ゲームスタイル研究所）によると、利用時間が1日1時間以上の人をヘビーユーザーとした場合の、ヘビーユーザーの平均年齢が32.0歳であったり、久里浜利用センターの調査と厚生労働科学研究所の調査によると成人の依存傾向の推定人数が2013年時点で421万人など、大人のインターネット依存も見過ごすことができなくなってきている。

　「親の背を見て子は育つ」と言われるが、インターネットに依存している親を見て育った結果、子どもが後に依存してしまう可能性もある。また不十分な家事や育児によって、子どもたちが依存してしまわなくても、きちんとした食事を与えられずに心身の健康発達に悪影響が及んだり、生活リズムが乱れてしまったりする可能性もある。子どもたちと同じように、保護者がインターネット依存について学ぶことができる機会を設けることは難しい。そのため、場合によっては子どもと一緒にモニタリングをさせたり、依存状態を測る尺度に回答してもらったりする機会、子どもたちと一緒に授業参観や保護者会で学んでもらう機会などを設けながら、子どもたちのためにも保護者のインターネット依存の改善やインターネット利用行動の見直しに取り組んでもらう必要があるだろう。

　また、医療機関との連携も重要である。インターネット依存が進行して保護者や学校では手におえない場合、医療機関に頼らざるを得ない。そのような中、インターネット依存やゲーム依存を相談できる医療機関は増えてきてはいるものの、その数は多くなく、場合によっては予約をして診察や治療を受けるまでに日数がかかることも予想される。そのため専門機関でなくても、万が一のときにすぐに頼ることができる医療機関を探し、緊密な関係をもっておくことも大切である。医療機関ではインターネット依

存に陥った患者さんの治療の実績も少しずつ増えてきているため、専門的なことや学校教育現場、家庭などで応用できそうなことを学ぶ研修会の講師として依頼し、子ども、保護者、教師全員で学ぶ機会を設けることも効果的であろう。

5　総括として

　インターネット依存から子どもたちを守るために、教師、保護者をはじめとする大人が果たすべき役割は大きい。学校、家庭、地域、各種機関と適切な連携を行い、できる限り未然に予防できるよう取り組んでいくことが重要である。実際に依存してしまうと、完治するまでには時間と手間がかかるだけでなく、心身や経済面へのダメージも大きい。特に、未然の防止と初期対応が重要であろう。本節で取り上げたことを彼らにも提示し、依存することの危険性や万が一のときの対応方法などについて、しっかりと知らせておくことが大切であろう。

　最後に、先生方でぜひ話し合っていただきたいディスカッションテーマを5つ挙げておく。インターネット依存から子どもたちを守るための方法や取組を考えるきっかけにしていただければ幸いである。

①保護者から「うちの子は家にいる間ずっとスマホでゲームをしている。やめるように言ってもやめてくれない。やめさせようとすると人が変わったような目つきで怒鳴り返してくるんです。ネットでたくさん課金もするようになり、本人の小遣いはもちろん、親の財布（カード）まで勝手に使うようになったのですが…」と相談されたら、どのように対応しますか。
②児童生徒から「家に帰っても親がスマホばっかりいじっていて、全然構ってくれない。ご飯も、コンビニ弁当とかインスタントとか同じものばかり。先生どうしたらいいの？」と相談されたらどうしますか。
③児童生徒から「LINE の書き込みの反応が遅かったせいで、グループから外されてしまいました。他の友達との会話から、私を除いたグループがつくられて、そこで自分の悪口が書かれていることを知りました。1カ月

ぐらいして元の状態に戻ったのですが、それ以来『反応が遅くなったらだめだ』という気持ちが強くなり、スマホが手放せなくなりました」と相談されたらどうしますか。

④インターネット依存を防ぐための授業を考えてみましょう。どの教科で、どのような教材を使い、どのような学習活動を取り入れていけばよいでしょうか。

⑤インターネット依存を防ぐために効果的なルールを考えてみましょう。ルールづくりの必要性は以前からさまざまな形で言われていますが、小学生、中学生、高校生のそれぞれの発達段階にふさわしいルールを考えてみましょう。

[注]

1 http://www.med.nihon-u.ac.jp/department/public_health/2012_CK_KI2.pdf の資料を引用したものである（参照日 2015 年 01 月 25 日）。

[引用・参考文献]

●青山郁子・五十嵐哲也「Problematic Internet Use（PIU）とオンラインゲームのユーザーに与えるネガティブな社会的、心理的影響：展望と課題」『愛知教育大学保健環境センター紀要』10、2011 年、pp.7-14

●Benesse ®教育開発センター「R-PDCA のマネジメントと学力向上の成果認識との関係－学力向上の取り組みに関する調査報告書－」2005 年

●藤川大祐・塩田真吾『楽しく学ぶメディアリテラシー授業―ネット、ケータイ、ゲーム、テレビとの正しいつきあい方―』学事出版、2008 年、pp.41-46

●大井田隆「未成年者の喫煙・飲酒状況に関する実態調査研究」厚生労働科学研究費補助金「循環器疾患・糖尿病等生活習慣病対策総合研究事業 平成 24 年度総括研究報告書」2013 年
http://mhlw-grants.niph.go.jp/niph/search/NIDD00.do?resrchNum = 201222027A（参照日 2015 年 01 月 25 日）

●樋口進『ネット依存症のことがよくわかる本』講談社、2013 年

●樋口進『心と体を蝕む「ネット依存」から子どもたちをどう守るのか』ミネルヴァ書房、2017 年

●樋口進『ネット依存・ゲーム依存がよくわかる本』講談社、2018 年

●小寺敦之「『インターネット依存』研究の展開とその問題点」『人文、社会学論集』31、東洋英和女学院大学、2013 年、pp.29-46

●文部科学省『生徒指導提要』2010 年
http://www.mext.go.jp/b_menu/houdou/22/04/1294538.htm（参照日 2015 年 11 月 17 日）

●内閣府「平成 28 年度青少年のインターネット利用環境実態調査 調査結果（速報）」2017 年

●Rosen。L.D, Cheever. N.A, Carrier. L.M（2012）iDisorder: Understanding Our Obsession with Technology and Overcoming Its Hold on Us.（児島修訳『毒になるテクノロジー――iDisorder―』東洋経済新報社、2012 年、pp.84-179）

- 白川教人・長尾博司『依存症　溺れる心の不思議─酒、薬、ギャンブル、買い物…なぜやめられないのか?』KAWADE 夢新書、1999 年、pp.141-145
- 竹内和雄『家庭や学級で語り合うスマホ時代のリスクとスキル:スマホの先の不幸をブロックするために』北大路書房、2014 年、pp.71-75
- 田中博之『ケータイ社会と子どもの未来:ネット安全教育の理論と実践』メディアイランド、2009a、pp.84-115
- 田中博之『自己マネジメント力が子どもの総合学力を伸ばす　授業と家庭学習のリンクが子どもの学力を伸ばす』Benesse 教育研究開発センター、2009b、pp.246-257
- 鄭艶花「インターネット依存傾向と日常的精神健康に関する実証的研究」『心理臨床学研究』26(1)、2008 年、pp.72-83
- 戸田雅裕・西尾信宏・竹下達也「新しいスマートフォン依存尺度の開発」『日本衛生学雑誌』70、2015 年、pp.259-263
- 統計数理研究所「学校の第三者評価の評価手法等に関する調査研究」「D. 学力調査結果等の学校情報の学校評価への活用に係る調査研究　D-1. 学力調査等の整理・分析及び活用に係る調査研究　報告書」2010 年
- 鶴田利郎「R-PDCA サイクルの活動を用いたネット依存に関する授業実践─依存防止プログラムの成果を援用した 8 時間の授業実践の試み─」『日本教育工学会論文誌』35(4)、2012 年、pp.411-422
- 鶴田利郎・田中博之「ネット安全教育における参加型アクティビティの効果に関する研究:私立高等学校での授業実践による生徒の評価を通して」『早稲田大学大学院教職研究科紀要』4、2012 年、pp.59-74
- 鶴田利郎・山本裕子・野嶋栄一郎「高校生向けインターネット依存傾向測定尺度の開発」『日本教育工学会論文誌』37(4)、2014 年、pp.411-422
- 鶴田利郎・野嶋栄一郎「1 年間を通したインターネット依存改善のための教育実践による生徒の依存傾向の経時的変容」『日本教育工学会論文誌』39(1)、2015 年、pp.53-65
- 鶴田利郎「第 14 章 子どもを取り巻く現状と課題Ⅳ─ICT の普及による現場環境の変化」石上浩美・矢野正編著『教育心理学─保育・学校現場をよりよくするために─』嵯峨野書院、2016 年、pp.126-134
- 渡辺登『依存症のすべてがわかる本』講談社、2007 年、p.82
- Weinstein A. & A & M. Lejoyeux (2010) Internet Addiction or Excessive Internet Use, The American Journal of Drug and Alcohol Abuse 36：277-283.
- Young. K.S (1996) Internet addiction: the emergence of a new clinical disorder. Paper presented at the 104th Annual Convention of the American Psychological Association.
- Young. K.S (1998) Caught in the Net: How to Recognize the Signs of Internet Addiction- and a Winning Strategy for Recovery.（小田嶋由美子訳『インターネット中毒:まじめな警告です』毎日新聞社、1998 年、pp.47-53）

Ⅲ 不登校・学校不適応

鳴門教育大学教授 吉井健治

1 不登校における「つながり」の危機と回復

　本節では、不登校における「つながり」の危機と回復というテーマについて臨床心理学的視点から検討する。

　「つながり」の危機は、不登校の子どもや保護者が周囲の者から非共感的対応を受けたと感じたときに起こりやすい。子どもや保護者は、周囲の者から理解してもらえなかったと思い、悲しみと怒りを感じる。また、自尊心が傷つけられたことによる自己愛憤怒（激しい怒り）で反応する。そして、学校や教師に対する不信感、失望感を抱くようになり、関係の断絶に至ってしまう。

　ところで、危機という意味にはマイナスの側面だけではなくプラスの側面もある。例えば、エリクソン（Erikson, E. H.）は人の発達的危機として、自我同一性の確立というプラスの側面と、自我同一性の拡散というマイナスの側面があることを提唱した。危機を乗り越えることによって得られることは大きい。このことは、「艱難 汝を玉にす」ということわざにあるように、人は困難や苦労を乗り越えることによって人間的に成長するのである。

　危機とは分岐点である。「つながり」の危機を乗り越えられなかった場合には関係の断絶を招くのだが、「つながり」の危機をうまく乗り越えられた場合には関係性が深まったり広がったりする。つまり、「つながり」の危機とは、関係性が破綻するのか、それとも関係性が発展するのか、という分岐点である。

　本節では、①不登校の子どもとの「つながり」の危機と回復について、

②不登校の子どもを持つ保護者との「つながり」の危機と回復について、③「つながり」を築くための教師の役割について、④「つながり」を築くための学校・学級の役割について、順に述べる。

2　不登校の子どもとの「つながり」の危機と回復

（1）不登校の子どもとの「つながり」の危機

　不登校のタイプ分けにはさまざまなものがあるが、ここでは「トラウマのあるタイプ」と「社交不安傾向のあるタイプ」について述べる。これらのタイプは、木村（1981）の精神病理と祝祭性（フェストゥム）の理論と関係している。

　木村（1981）によれば、抑うつの人は、過去のことをくよくよと後悔する特徴があるので、その心理は「ポストフェストゥム」（祭りの後）であるとしている。これは「トラウマのあるタイプ」の不登校に相当すると考えられる。例えば、いじめを受けたことで心が傷ついているケース、親の離婚によって見捨てられ感をもっているケース、運動部で活躍した選手がけがのため退部して喪失感をもっているケースなどがある。「トラウマのあるタイプ」の不登校の子どもは抑うつの気持ちを抱えている。

　一方、木村（1981）によれば、統合失調症の人は、未来への期待と不安で大きく揺さぶられる特徴があるので、その心理は「アンテフェストゥム」（祭りの前）であるとしている。これは「社交不安傾向のあるタイプ」の不登校に相当すると考えられる。人に対して過剰に敏感になって外出できないことから不登校となったケースである。「社交不安傾向のあるタイプ」の不登校の子どもは不安の気持ちを抱えている。

　周囲の者は、「トラウマのあるタイプ」の不登校の子どもに対して「過去のことは忘れて、くよくよしないで頑張ろう」と励ましたり、「社交不安傾向のあるタイプ」の不登校の子どもに対して「誰も見ていないから気にしなくても大丈夫」と励ましたりする。すると、不登校の子どもは自分の気持ちが全く理解されていないと感じて、自分を表現することをあきらめて、引きこもってしまう。こうして「つながり」の危機が起こるのである。

（2）トラウマをもつ不登校の子どもとの「つながり」の回復

　トラウマをもつ不登校の子どもは、過去の出来事に心を奪われ、前へ進めなくなっている。このタイプへの対応で重要なことは、心の傷について十分に聴いてあげることである。心の傷が適切に表現されないで、抑圧や否認などの防衛機制によって意識から排除され無意識に押し込められてしまうと、その後さまざまな症状となって出現することがある。以下に、トラウマを抱えて不登校になっているケースを提示する（吉井、2017a）。

　ある中学生男子は、中学1年の9月から不登校になった。「クラスに乱暴な男子や暴言を言う女子がいて学校に行くのが苦しい」と言っていた。2年生になっても登校できなかった。5月頃になって、1年前の出来事を話してくれた。親しかった友人がその乱暴な男子から命令されて自分を叩きに来たこと、また別の親しかった友人はニヤニヤと笑っているだけで自分を助けてくれなかったことなどを語った。「こんなことをするのは友達じゃない」と涙を流しながら怒りを込めて語った。「親しい友人から裏切られたり、見捨てられたりするのは人が信じられなくなるくらい深く傷ついた」と言った。

　この中学生男子は、人間不信に陥るような経験だったので、すぐには話すことが難しく、約1年が過ぎてやっと話すことができたのだった。心の傷は、時間が経てば自然に消えてなくなるというものではない。心の傷が癒やされるためには、傷ついた気持ちを表現し、整理することが大事である。

　しかし、子どもにとって、内面に抱えている心の傷を言葉を使って適切に表現することは容易なことではない。気持ちを言葉で表現することが困難な状況には、①抑圧、②言語化の難しさ、③自己主張の抑制、の三つのレベルがある（吉井、2017b）。①「抑圧」は、自分でも自分の気持ちがわからないので言葉にならない場合である。無意識の中に押し込められている状態のことである。②「言語化の難しさ」は、自分の気持ちに気づいてはいるが、どのような言葉で表現すればよいのか難しいと感じている場合である。③「自己主張の抑制」は、自分の気持ちを言葉にすることはできるのだが、相手に言いにくいと感じている場合である。

　このように、心の傷つきを語らないという現象には三つのレベルがあり、各レベルに対応した支援の方法がある。①「抑圧」の場合には、言語化よりも無意識が投影されやすい遊戯療法や表現療法などが効果的である。②「言語化の難しさ」の場合には、感情の明確化（曖昧な気持ちに対して具体的な言葉を提供してあげること）が効果的である。③「自己主張の抑制」の場合には、警戒心をゆるめて親しみと信頼感をもたせるようなかかわりが効果的である。子どもは相手がどんな人かわからないと本心をみせにくいので、周囲の者が自己開示をして率直に自分をみせることにより、子どもは心を開いてくれる。

　以上のように、子どもが黙ったままでいるのはどのレベルにあるのかを見立て、そのレベルに対応した支援を行うことが必要である。決して、「黙っていたらわからない」などと否定したり急かしたりしてはならない。

（3）社交不安傾向の不登校の子どもとの「つながり」の回復

　社交不安傾向の不登校は、人の目が気になるので外出できないことから不登校となったケースである。そこで、社交不安傾向の不登校の子どもとの「つながり」を回復するための関わり方について 5 点にまとめた（吉井、2017a）。

　第一に、楽しいことをすることである。やりたくないことを我慢してやるのではない。やりたいこと、楽しいことをするというのが人と交流することのモチベーションとなる。

　第二に、できる範囲で無理のないようにすることである。恐怖の場面・対象を回避しないで、それに直面することが大事である。スモールステップで段階を追って実行することで、少しずつ慣れてくる。「できるところまでやってみよう」、「苦しくなったら無理をしないでいいよ」と言ってあげるとよい。しかし、怖いことにチャレンジしていくことなので、当然、苦しさを伴うことになる。そこで、心理的に温めながら関わるという点が重要なポイントである。温めることとは、否定しないで気持ちを理解し、優しく接してあげることであり、つまり受容することである。「温めながら、できるところまで少しずつ動かす」というかかわりを継続することによって、人の目が非常に気になって身動きがとれなくなっている状態が改

善されていくのである。

　第三に、ほめることである。不安場面に耐えることができた場合は、できたことを必ずほめる。「よく頑張ったね」、「素晴らしい」といった言葉をかけることである。子どもはほめられることで自信になり、不安場面に挑戦していく勇気が出てくる。たとえ、できなかった場合でも「よく努力した」とほめることが大事である。「残念だったね」、「もっと頑張ろう」などと否定的に言わない注意が必要である。

　第四に、嘘をつかないことである。予告しないで、急にどこかに連れて行ったり、急に誰かと会わせたりするのは、過剰な不安を与えてしまう。次からは一緒に行動してくれなくなる。また、ウソをついてしまうと、次からは信用してくれなくなる。信頼関係を形成することが大事である。

　第五に、よく観察しながら関わることである。子どもが少し頑張れば可能な課題を与えたつもりでも、その時の子どもの状態によっては全く困難な場合がある。子どもの様子をよく観察しながら柔軟に対応することが大事である。

3　不登校の子どもを持つ保護者との「つながり」の危機と回復

（1）不登校の子どもを持つ保護者との「つながり」の危機

　保護者対応の事例を以下に提示する（東京都教育相談センター、2011）。

　ここ１週間学校を欠席している子どもの保護者から、教頭に電話があった。「担任を替えてほしい。それができなければ、子どもを別の学級に移してほしい」。教頭が理由を尋ねると、担任が自分の子どもに対して否定的な見方をする上、保護者からの相談も受け付けてくれないとのこと。教頭が「担任を替えることはできない。隣の学級に移すことも難しい。担任ともう一度話し合ってはどうか」と答えると、保護者は「それでは、このまま子どもを学校に行かせません」と言い、電話を切ってしまった。

　この保護者は、学校に対して無理な要求を突きつけているが、いったい何が起こったのかはこの電話だけではわからなかった。教頭は事情も聞かず、きっぱりと「できない」と返答したところ、保護者は「このまま子ど

もを学校に行かせません」と言って関係は破綻した。

　こうした問題が起こる背景には、さまざまな要因が絡んでいる。子ども側の要因としては、例えば、子どものパーソナリティや発達特性によって問題が生じている場合がある。教師側の要因としては、例えば、教師の言動・対応に改善すべき点があり、保護者から指摘されても仕方がない場合がある。保護者側の要因としては、例えば、保護者自身が子ども時代に先生との関係がうまくいかなかったことがあり、その時の傷ついた気持ちや不満を、現在の我が子のことを通して訴えている場合がある。このように、「つながり」の危機が生じたのは、一つの原因からではなく、さまざまな要因が複合した結果である。

　どうして保護者は我が子のことで、こんなにも感情が大きく揺さぶられ、冷静でいられなくなるのか。それは、保護者にとって我が子は自己愛の延長物だからである。我が子は自分の一部であり、分身であり、自分の命よりも大事に思えるからである。教師はこうした保護者の心理をよく理解して対応する必要がある。保護者は我が子が阻害されたと思うと、自分が傷つけられたような痛み、悲しみ、怒りを感じるものである。これは自然な感情である。しかし、極端になると、自己愛憤怒（激しい怒り）が起こることがある。

　このように、不登校の子どもを持つ保護者の感情や要求が過剰になって、「つながり」の危機が起こったとき、教師はどのように理解し対応すればよいのだろうか。

（２）臨床心理学的視点から考える

　以下のエピソードは、ケースメントの著書『患者から学ぶ』（1991）における「二つの落とし穴」をもとにしている。あるクライエント（女性）は、トラウマを回想する過程で強い不安が湧き起こったので、セラピスト（女性）に自分の手を握ってほしいと要求した。クライエントは、セラピストが手を握って支えてくれなければ、これ以上心理療法を受けることはできないと言った。この時、セラピストは以下のどちらの対応をとればよいのだろうか？

　対応①〈要求を断る〉は、心理療法では身体に触れることは制限されて

いるので、手を握ることはできないと話して、毅然とした態度で断る。この場合、クライエントの気持ちへの受容・共感はなかったので、クライエントは失望し怒りを感じて、面接は中断するかもしれない。

対応②〈要求を呑む〉は、トラウマを回想する過程で強い不安が起こるのは当然であり、クライエントの気持ちに同情して手を握ってあげる。この場合、クライエントは強い不安を感じるたびにセラピストに手を握ってもらうことを要求したり、また別の過剰な要求が出てくるかもしれない。

したがって、対応①〈要求を断る〉、対応②〈要求を呑む〉はどちらも適切な対応ではない。要求を断るのも、要求を呑むのも、どちらも問題であり、このことが「二つの落とし穴」という意味である。換言すれば、「知に働けば角が立つ、情に棹させば流される」（夏目漱石『草枕』）ということである。

そこで、対応①、②を統合した対応③が必要となる。対応③〈要求の背景にある心理に焦点を当てる〉は、セラピストはクライエントの要求を満たすのではなく、「要求の背景にある心理を理解するかかわり」が重要である。そして、クライエント自身が洞察（気づき）を得て気持ちや行動をコントロールできるようになることである。

先のケースメントの事例の続きをみてみる。セラピストは、手を握ってほしいと要求したクライエントに向かって次のように話した。「今、あなたは強い不安を感じたので、手を握ってほしいと思ったのですね。どんなことを思い出しているのか、教えてくれませんか」。すると、クライエントは次のような話をした。「私は子ども時代、大きな手術を受けることになって、怖くて心が押しつぶされそうでした。そして手術のとき、側にいた母親は気を失ってしまって、私の手を握ってくれなかったのです。私は見捨てられたような気持ちになりました」。

クライエントは、子ども時代、母親に十分に甘えることができなかったことにあらためて気づくことができた。手を握ってほしいという要求の背景には、このような心理が潜んでいたことが明らかになった。しかし、すでに過去のことゆえ、母親に甘えることは現実的には難しいので、甘えたいという心の飢餓感を抱えながら生きてきたのだった。こうした中でクラ

イエントは、セラピストをまるで母親のように感じられた瞬間、「手を握ってほしい」と甘えることができた。クライエントは、こうした洞察（気づき）によって、以前よりも穏やかで楽な気持ちで過ごせるようになっていった。

（3）不登校の子どもを持つ保護者との「つながり」の回復

　保護者の願い・要求に対して教師は、「二つの落とし穴」に陥らないように気をつけなければならない（**図1**参照）。

　つまり、願い・要求を断るのも呑むのも、どちらも問題がある。大事なことは、保護者の願い・要求の背景にある心理を理解するかかわりである。そして、保護者自身が洞察（気づき）を得て気持ちや行動をコントロールできるようになることである。

　それでは、願い・要求の背景にある心理を理解するかかわりとは、具体的にどのようなことをすればよいのだろうか。

　まず、教師が保護者の気持ちや考えをわかること（受容・共感的理解）が重要である。これは願い・要求を呑むことではなく、その背景にある心理を理解することである。これによって、保護者と教師は「つながり」を回復することができる。もし「つながり」がない中で教師が一方的に説明をすると、保護者は受け入れられない気持ちになったり反感をもったりす

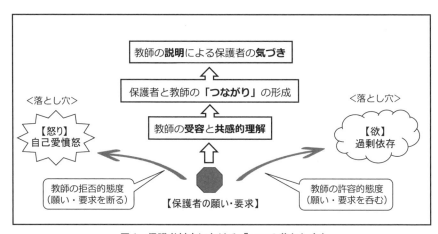

図1　保護者対応における「二つの落とし穴」

る。そして、「つながり」を基盤に、教師は保護者に丁寧に「説明する」ことによって、保護者の気持ちは落ち着くのである。ただし、一度説明すればよいというものではなく、保護者の気持ちを受容・共感しながら、「つながり」を確認したり深めたりしながら、少しずつ、繰り返し説明することが重要である。

　また、理解と説明のバランスが重要である。「理解」とは、教師が保護者の考えや気持ちをよく聴いて、保護者の立場・経験・価値観の視点からみることである。「説明」とは、教師が保護者に現実原則（規則、校則、慣例など）を提示し、これらは子どもの成長・発達において意味があることを示すことである。

　ある非行傾向の不登校の中学3年生男子は、中学校の卒業式に学生服の裏に派手な刺繍をして登校した。事前に、教師からは制服の校則違反があった場合には式に出席させないと伝えられていた。その結果、彼は卒業生の中に並ぶことはできなくて、体育館の隅にしか入れさせてもらえなかった。当日、父親が学校に抗議にやってきた。父親は教頭に向かって、「一生に一度の卒業式に出席させないというのはどういうことだ」と怒りをぶちまけていた。教頭は、制服に関する校則があること、校則違反があった場合には卒業式への出席を制限することを事前に伝えていたことなどを説明した。しかし、父親の怒りはなかなか収まらず、30分間も大きな声で学校や教師への批判を語っていた。

　父親は表面的には怒りしか見せなかったが、内心では悲しくて悔しくてたまらなかった。父親が教師に真に求めていたのは、校則違反の「説明」ではなく、悲しい気持ちや悔しい気持ちへの「理解」だった。

4　「つながり」を構築するための教師の役割

　不登校の子どもや保護者との「つながり」を構築するためには、教師が心の栄養（自己対象）を提供することが必要である。ここでは、まず自己対象という概念を説明し、次に教師が保護者に心の栄養を提供することについて検討する。さらに、こうした貢献を行う教師には特別の心身の疲労

が蓄積するので、教師のメンタルヘルスについても述べておきたい。

（1）心の栄養（自己対象）

　身体の栄養素には、三大栄養素として炭水化物、たんぱく質、脂質がある。では、心の栄養素は何だろうか。心の栄養素として、コフート（本城・笠原監訳、1995）の自己心理学理論における三種類の自己対象（self-object）、すなわち鏡映自己対象、理想化自己対象、分身自己対象が挙げられる。わかりやすく言い換えれば、鏡映自己対象は自信、理想化自己対象は希望、分身自己対象は仲間のことである。

　鏡映自己対象（自信）とは、自分の良さを映し返してくれる他者であり、自信が得られる。例えば、自分が頑張ってる姿をよく見てくれて、「毎日よくやっていますね。お疲れさま」と、ねぎらいの言葉をかけてもらえることである。理想化自己対象（希望）とは、目標をもたせてくれる他者であり、希望が得られる。例えば、自分がこうなりたいと思えるような目標を示してくれて、やる気をもたせてくれる他者である。分身自己対象（仲間）とは、同じ気持ちや考えを共有してくれる他者であり、仲間が得られる。例えば、自分の気持ちは他の人にはわかってもらえないと思っていたが、自分と似ている気持ちをもつ人と出会って、自分は独りぼっちではないと感じることである。

　こうした心の栄養（自己対象）が不足するとどうなるのだろうか。以下に、心理面接の事例を提示する。

　カウンセラーとの数回目の面接で、クライエント A は、「先生は何か怒っていませんか？」、「僕のことを愚痴ばかり言っている、つまらないやつだと思っていませんか？」と言った。カウンセラーは、すぐに自分を振り返ってみたが、そういう点は思い当たらなかったので、A の幻想（思い込み、転移）かもしれないと思った。そこで、「A さんのことを何も怒ってもいないし、つまらないなんて思っていません。少しでも A さんの力になりたいと思って話を聴いていますよ」と答えた。A は一瞬うれしそうな表情を見せたが、納得できない様子だった。その後の面接で、A の心の栄養（自己対象）の不足が明らかになった。

　鏡映自己対象（自信）の不足という点では、A は子どもの頃から現在

（大学生）まで、父親から「お前はダメだ」などとバカにされてきた。それで、自分はつまらない人間だと感じていた。理想化自己対象（希望）の不足という点では、父親のようにはなりたくないと思っていた。将来への希望も目標もなく生きてきた。分身自己対象（仲間）の不足という点では、親しい友達はおらず、孤独だった。自分は人と違っていると感じて、集団になじめなかった。

　以上のことから、カウンセラーが怒っているとか、つまらないやつだと感じているというAの幻想（思い込み）は、父親の影響によるもの（父親転移）と考えられる。そしてAは、不足している心の栄養の補給をカウンセラーに求めてきたと考えられる。

（2）心の栄養を提供する教師

　教師に対してクレームや要求を向けてくる保護者がいる。こうした場合、保護者は教師に心の栄養（自己対象）の補給を求めていると理解される。保護者のクレームや要求の背景には、教師に対する幻想（思い込み）があり、この幻想には保護者自身の子ども時代の経験に基づく「先生」イメージが含まれている。

　「先生」イメージには、楽しかったことや励まされたことなどの良いイメージもあれば、反対に悲しかったことや腹の立ったことなどの悪いイメージもある。人々が親となって、我が子を学校に通わせるようになると、子どもの担任に対して、保護者は自分の子ども時代の経験からくる「先生」イメージを重ねること（転移）が起こる（**図2**参照）。

　例えば、自分が子ども時代にいじめを受けたとき、教師が助けてくれなかったという思いをもつ保護者は、我が子がいじめを受けていると知ったとき、蓋をしていた心の傷（トラウマ）が再燃して冷静でいられなくなる。そして、保護者は、我が子の担任とのかかわりを通して、昔の自分の心の傷の修復を図ろうとする（再現による修復）。

　鏡映自己対象（自信）としての「先生」では、保護者は「先生」に対して、自分の喜びや苦労の気持ちをよくわかってくれ、認めてくれる人のように感じている。理想化自己対象（希望）としての「先生」では、保護者は「先生」に対して、尊敬、信頼できる人のように感じている。分身自己

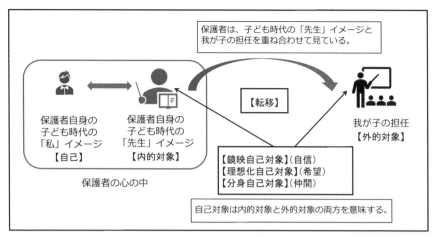

図 2　保護者が教師に向けた三つの自己対象（心の栄養）

対象（仲間）としての「先生」では、保護者は「先生」に対して、自分の気持ちと同じように我が子を見て、愛してくれる人のように感じている。

　ここでは保護者の例を示したが、子どもたちも教師に心の栄養（自己対象）を求めてくることがある。それほど人々にとって教師は重要な存在なのである。

（3）教師のメンタルヘルス

　教師は疲れていても、朝の会で子どもの前に立つときには気持ちを切り替えて、笑顔で迎えることが求められている。また、保護者がどなり声をあげても、担任は感情的に反応するのではなく、落ち着いた対応が求められている。社会学者の A.R. ホックシールドは「感情労働」という言葉を提唱したが（関谷・湯川、2014）、教師の仕事はまさに感情労働としての側面がある。

　こうした中で、教師のメンタルヘルスの問題がある。教師は、不登校問題などをはじめさまざまな解決困難な局面に追い込まれていくことがある。そして教師は、無力感、自尊心の低下、抑うつ、不安、恐怖、怒りを経験する。身体化（頭痛、身体の不調など）、精神症状化（抑うつ、不安など）、行動化（大量飲酒、不適切な言動など）が起こることもある。

教師の心身の健康維持のためには、セルフケア（自分で取り組む心身の健康法）はもちろんのこと、学校組織におけるラインケア（管理職によるかかわり、組織による制度的対応）が重要である（楠本・吉井、2019）。

　子どものプレイセラピーで攻撃的な子どもに関わるとき、カウンセラーが「生き残ること」が大事であるとウイニコットは述べている。「生き残ること」とは、カウンセラーとしての自分を見失わずに務めを果たすことであり、子どもを「愛し続けること」である。クライエントのことを嫌いになったり憎しみをもったり反撃したり見捨てたりするのは、カウンセラーとしての限界である。

　著者自身、実際そういう気持ちになりそうなときがあるからこそ、「カウンセラーとして生き残ること」、「クライエントを愛し続けること」という言葉は戒めとなり、同時にお守りとなっている。

　不登校の子どもや保護者との「つながり」を構築するためには、教師が心の栄養（自己対象）を提供したり、また感情労働として貢献したりする。こうした中で、教師のメンタルヘルスが問題となってくるが、「教師として生き残ること」、「子どもたちを愛し続けること」は大事なことである。

5　「つながり」を構築するための学校・学級の役割

　不登校の子どもは、さまざまな理由があって、学校に行きたくても行けなくなり、孤独感、劣等感、疎外感などの気持ちを抱えて苦しんでいる。不登校の子どもは、学校・学級との「つながり」を喪失している。学校・学級との「つながり」を構築するためには、学校・学級が「居心地のよい場」になることが必要である。「居心地のよい場」は、不登校の子どもだけではなく、全ての子どもたちにとって必要である。それでは、「居心地のよい場」とはどのようなものなのか。

　著者は、不登校のためのフリースクールを設立・運営した経験や、学校づくり運動に参加した経験があるが、不登校の子どもにとって「居心地のよい場」の在り方について検討してきた。そこで、以下では、第一に「子どもが学校に合わせる」対「学校が子どもに合わせる」、第二に「大きな器」

対「小さな器」、第三に「多数派」対「少数派」、という三つの視点から検討する。

（1）「子どもが学校に合わせる」対「学校が子どもに合わせる」

　「子どもが学校に合わせる」というのは、学校の枠組みが正しくて、これに子どもが合わせるということである。つまり、学校の枠組みに合わないことは不適応とみなされ、適応するための指導を受けることになる。他方、「学校が子どもに合わせる」というのは、子どもの特徴や状況に応じて、学校の枠組みが柔軟に変化して対応するということである。以下には、「子どもが学校に合わせる」場合（事例A、B）と「学校が子どもに合わせる」場合（事例C）を提示した。

　〔**事例A**〕発達特性のある不登校の小学生がいた。親が担任に子どもへの対応について申し入れたところ、「特別扱いはできません。親の過保護ではないでしょうか」と言われて、理解してもらえなかった。

　〔**事例B**〕社交不安のある不登校の小学生がいた。学級では、日直の役割として号令をかけたり司会をしなければならなかったが、人前に立って何かをすることに苦痛を感じていた。そこで、親は担任に日直の役割の免除を申し入れたが、「頑張ってやらせてみてください」と言われ、理解してもらえなかった。

　〔**事例C**〕友人関係のトラブルから心理的に傷ついた不登校の中学生がいた。人の目が気になって苦しくて教室に入ることができなかった。そこで、学校側は別室を用意して、あまり無理をしないで参加できそうな授業だけ出席すればよいと柔軟に対応した。

　「子どもが学校に合わせる」、「学校が子どもに合わせる」、それぞれにメリットとデメリットがあり、どちらが良いとは簡単には言えない。二者択一の考え方には無理があり、両方が大事な意味をもっている。

　ここで、この問題を別の視点から検討してみたい。文化人類学に「中心周縁論」という概念がある。これは、秩序に合わないことは排除され抑圧されるという考え方である。中心にある秩序に合わないことは、周縁に追いやられるということである。また、排除され抑圧されたことの中には重

要なメッセージが込められている可能性があるとされている。こうした考え方を適用してみると、学校の秩序に合わないことは排除され抑圧され、追いやられる。しかし、不登校という問題には、重要なメッセージが込められている可能性がある。重要なメッセージとは何だろうか。不登校の子どもたちが暗黙に訴えていることは、自分らしく居られる自由な時間や場所がほしいとか、自分の自由な自己表現を許してほしいとか、そういうことかもしれない。こうした欲求は、不登校の子どもたちだけではなく、実は普通に登校している子どもたちももっている。このような意味で、学校教育の周縁にいる不登校の子どもたちは重要なメッセージを潜在的にもっていると言える。

　また、この問題を進化論の視点から検討してみたい。ダーウィンの進化論では、適者生存と自然淘汰という概念があり、その環境に順応できた者だけが適者として生存し、それ以外の者は自然に淘汰されていくという考え方である。これを適用してみると、学校に合う子どもは適者として生存し、合わない子どもは自然に淘汰されていくということになる。このようなことはあってはならないが、気づかないうちに起こっていないかよく点検する必要がある。

　一方、進化論の中には、今西錦司氏の「棲み分け理論」というユニークな理論がある。これは、生物は自らに適合する環境に移行して棲みついているという考え方である。これは絶対的で唯一の環境に適応することではなくて、多様な環境の中から自身に適した環境を選択して生存していくという考え方である。これを適用してみると、不登校の子どもにとって、学校以外にもさまざまな教育の場があり、選択可能である。教育支援センター（適応指導教室）、さまざまなタイプの民間フリースクール、既存の学校とは異なる新しいタイプの学校、通信教育、ホームスクーリングなどがある。棲み分け理論でみると、こうした多様な教育環境の中から自身に適した教育環境を選択し、自分らしく過ごしていくのである。

　したがって、「子どもが学校に合わせる」のでもなく「学校が子どもに合わせる」のでもなく、個人と環境のマッチングを考慮しながら生き方を創造していくことが大切である。

（2）「大きな器」対「小さな器」

　これまで著者は、不登校の子どもたちが過ごしやすいのはどのような居場所なのか、また一般生徒が過ごしやすいのはどのような学校なのか、ということを検討してきた。ここでは、居場所・学校のことを「器」と表現してみる。子どもたちが過ごしやすいのはどのような「器」なのだろうか。そこで、「大きな器」と「小さな器」について検討してみる。

　「大きな器」というのは、多様なものを全て含めるような一つの居場所・学校のことである。イメージとしては、皿鉢料理のように一つの大皿にさまざまな料理が盛られているようなものである。多様性を包含できる「大きな器」は、多様な子どもたち全員が過ごしやすい環境を提供することができる。

　他方、「小さな器」とは、多様なものそれぞれに対応した複数の異なる居場所・学校のことである。イメージとしては、煮物の小皿、お肉の小皿など料理の種類ごとに入れられた複数の小皿があるようなものである。多様性に対応した個々の「小さな器」は、多様な子どもたちのそれぞれが過ごしやすい異なる環境を提供することができる。「小さな器」は、前述した「棲み分け理論」の考え方に似ている。

　しかし、「大きな器」にも「小さな器」にも問題点がある。「大きな器」の場合、現実的には、多様な子どもたち全員が過ごしやすい環境を提供するには限界がある。そのため、過ごしにくいという子どもたちが出てきて周縁に追いやられてしまう。他方、「小さな器」の場合、現実的には、多様な子どもたちの個々のニーズに応じた複数の環境を提供することには限界がある。複数の器の乱立によって、中心がなくなり、混沌とした状況を招くことになる。

　以上のことから、「大きな器」か「小さな器」かという二者択一ではなく、両者が必要である。したがって、「大きな器」としての一般的な公立学校はもちろんのこと、「小さな器」としての一定の特徴に特化した学校・居場所も必要である。

（3）「多数派」対「少数派」

　フリースクールでは、不登校の子どもを持つ保護者の中に、自分たちは

普通に登校している多数派から切り捨てられた少数派だという意識をもつ人々がいた。こうした中、発達特性のある子どもを持つ保護者がフリースクールへの参加を申し込んできた。そこで運営会議を開いて協議したところ、この子どもは全体の秩序を乱す可能性があるという理由で本フリースクールでは受け入れられないという結論になった。そこで著者は、参加を断る役割を担って、この保護者と面談した。参加を拒否された母親は、学校からもフリースクールからも切り捨てられ、自分たちはどこへ行けばよいのかと途方に暮れていた。

多数派によって少数派 A が切り捨てられ、次に少数派 A の中にいる少数派 B が切り捨てられ、そして少数派 B の中にいる少数派 C が切り捨てられる、という連鎖が起こることがある。残念なことに、切り捨てられた悲しみを経験した少数派であるにもかかわらず、別の少数派を切り捨ててしまうことがある。

ベトナム出身の禅僧ティク・ナット・ハン（Thich Nhat Hanh）は講演の中で、実演しながら次のような話をした。1 本の棒を横にすると右側と左側がある。右側の人々は左側の人々さえいなければいいのにと思って、左側の人々を切り捨てる。そして右側の人々は、「左側の人々がいなくなってよかった」と安心する。しかし、右側の人々は短くなった 1 本の棒の中に新たな左側の人々が登場してきたことに気づき、再び左側の人々を切り捨てる。そして右側の人々は「左側の人々がいなくなってよかった」と再び安心する。しかし、右側の人々はさらに短くなった 1 本の棒の中に再び新たな左側の人々が登場してきたことに気づくことになる。このように、1 本の棒の中で左側の人々を切り捨てても、何度も左側の人々が登場してくるのである。

このように人の心には差別心という種があり、この種に水や栄養を与えないように注意しておかなければならない。

（4）「居心地のよい場」における創造的生き方

ある子どもにとっては居心地がよくても、別の子どもにとっては居心地が悪いことがあるから、「居心地のよい場」を一つの型に限定することはできない。居心地のよさは、個人と環境のマッチングによって決まる。この

ように、全ての子どもにとって「居心地のよい場」を実現することは容易ではない。大事なことは、与えられた環境や条件に服従するのではなく、「居心地のよい場」を追究し、創造的生き方を求めていくことである。

[引用文献]

●ケースメント・P. 、松木邦裕訳『患者から学ぶ―ウィニコットとビオンの臨床応用』岩崎学術出版社、1991年、pp.171-186

●木村敏『自己・あいだ・時間』弘文堂、1981年、p.139

●Kohut, H. (1984). How does analysis cure?　The University of Chicago Press.　本城秀次・笠原嘉監訳、幸順子・緒賀聡・吉井健治・渡邊ちはる共訳『自己の治癒』みすず書房、1995年、pp.268-293

●楠本奈緒子・吉井健治「学校長の心理的特性が教師へのラインケアに及ぼす影響―主観的幸福感及びレジリエンスに着目して―」『生徒指導学研究』17、2019年、pp.41-51

●関谷大輝・湯川進太郎「感情労働尺度日本語版（ELS-J）の作成」『感情心理学研究』21(3)、2014年、pp.169-180

●東京都教育相談センター「学校問題解決のためのヒント」2011年、p.16

●吉井健治『不登校の子どもの心とつながる：支援者のための「十二の技」』金剛出版、2017a、p.62、pp.57-58

●吉井健治「心を開かない子どもをどう受けとめるか」『児童心理』71(14)、2017b、pp.1228-1232

第3章

新たな課題に
いかに対応すべきか

I

新たな荒れと学級崩壊

鳴門教育大学大学院特命教授　阪根健二

　いじめやネット問題、そして不登校など、生徒指導における課題に苦慮する要因の一つに、指導する側である教職員が、その解消に向けての最新の知見や手法を得る機会が少ないのではないかという指摘がある。これは、教職員の職務の多忙化という実態から、研修機会が少なく、習得への意欲不足という点は否めない。

　また、先輩や同僚の経験や職務研修の内容などが共有されておらず、各自のこれまでの経験だけで対応しようとする傾向が強いことも考えられる。そのため第2章では、代表的な課題における最新の知見などを紹介してきた。

　さて、時代の急激な動きの中で、従来型の問題行動も変化していることが考えられる。例えば、学校の規律指導や秩序確保という点では、一般化された指導手法だけでは難しい状況にある。そこで、さまざまな手法で対応するが、それでうまく指導できなくなると、結局、力に頼る傾向が強くなってくる。

　一方で、教育相談を行いながら、優しく対応しても、児童生徒の心理的な背景がつかめないため、的外れになってしまうこともある。児童生徒の成育歴や環境は、時代の動きで変化しているのだが、それに追いついていないと推測される。こうなると、これまであった生徒指導の問題も、いつの間にか「新たな課題」という形に変質し、手探り状態に陥る。このように、問題の根本は変わらなくても、表出する部分が別のものになっているため、指導の一貫性も失われていくのである。実は、リスクマネジメントは、不易と流行の関係と酷似しており、その両立が欠かせない。指導する側が、常に意識変革する必要があるといえよう。

1　学級崩壊という言葉

　「学級崩壊」という言葉は造語である。過去から「学級王国」と言われた小学校現場で、学級経営における秩序崩壊を意味し、その反対の言葉をつくり出したのである。これは、90年代後半頃に登場したものであるが、当時のメディアが、学校における「新たな荒れ」を特集した際に、教職員組合の報告や教師の指摘から生まれた言葉だと言われている。したがって、正式な用語として使われていたわけではないため、行政機関では「いわゆる学級崩壊」という言い方で対応していた。その後、社会問題化した99年以降、当時の文部省（後の文部科学省）において、現場での実態を把握するため、平成11年に「学級経営研究会」（国立教育研究所所管）に調査研究を委嘱し、実態を確認した結果、翌年3月には「いわゆる『学級崩壊』について〜学級経営の充実に関する調査研究」（最終報告）を発表するに至ったのである。

　この調査研究では、全国各地の小学校における学級経営に関して、該当の関係者から聞き取り調査を行った。そこでは、当然「学級崩壊」という直接的な文言ではなく、「学級がうまく機能しない状況」ということで調査を実施したのであるが、この「学級がうまく機能しない状況」とは、「子どもたちが教室内で勝手な行動をして教師の指導に従わず、授業が成立しないなど、集団教育という学校の機能が成立しない学級の状態が一定期間継続し、学級担任による通常の手法では問題解決ができない状態に立ち至っている場合」といった、やや長たらしい何とも言えない表現であった。

　これが「学級崩壊」の定義であると言えよう。ただ、この崩壊という文言は、醸し出す印象の悪さや、教員そのものの評価にもつながりかねない表現であったため、教員の資質問題が原因論として、クローズアップされたのである。

2　過去における認識

　「学級がうまく機能しない状況」の原因や背景は何であろうか。それが

顕著になった 90 年代の学校現場では、①学級担任の指導力不足の問題、②学校の対応の問題、③子どもの生活や人間関係の変化、④家庭・地域社会の教育力の低下といった、従来型の生徒指導上の課題と全く同じ原因や背景だと分析していた。しかし、当時の現場では、単一の原因論では語れず、複合要因が積み重なって起きるものという曖昧な原因論が一般的であったため、問題解決のための特効薬は見つからず、複合している諸要因に一つ一つ丁寧に対処していかなければならないといった、玉虫色の対策しか打ち出せなかった。

その頃の学校現場は現在と違い、立ち歩きする子どもが増加しても、これらには何らかの障害があるのではないかという考えはなく、家庭教育などに問題があるという認識が主流であった。その後、発達障害などの症例診断が出てくると、これまでの対応に限界があることがわかってきた。特別支援教育の重要性が学校現場で語られるようになったのは、実は近年の動きなのである。

例えば、ADHD や LD が、学級経営という舞台に乗ったのは、特異な現象の原因や背景を突き詰めていく過程で、どうしても説明できないという分析からだった。そのため、当時の学級崩壊が、教師の指導力不足や、子どものしつけ不足という表層的な原因しか思いつかなかったことも、今になって考えれば大いなる反省点である。

確かに当時、児童生徒が、学級で授業が行われているにもかかわらず、勝手に席を立って徘徊したり、私語などの不規則発言が続いたり、ある時は周りの生徒に迷惑になるような行動によって授業が成立しない状況は数多く報告されており、学校機能が停止するという最悪の状況もある。過去に、崩壊状態を経験した教師も、どう手を打っていいか、自問自答の毎日だったと述懐する。こういった事象が、メディア上に、崩壊という言葉を中心に流布した点が最大の問題だったのかもしれないが、当然ながら、教師側には「学級崩壊」という言葉を使用されることに対して非常に強い抵抗感があったのは事実である。

その後、教師の資質問題だけでは語れないことがわかってくると、もっと根源的な教育論や心理、社会学的な分析が行われ、単に教師個々の問題

ではないことが明確になってきた。こうして、いつしかメディアの動きは下火となっていったのである。

3　新たな荒れとは

　学級崩壊が話題になった当時は、保護者から学級経営に対してモノ申すことが始まってきた時期でもあった。当然、体罰や不適切な指導への抗議が顕現化してきたため、教員が子どもを頭ごなしに叱ったり、力で抑えたりするということを控える傾向が強くなった。これは正しい判断であり、決して間違っている流れではないが、カウンセリング的な手法が生徒指導の主流となるにつれて、学校は毅然とした教師の指導という対応がとりにくいという錯覚が教師間に芽生え、子どもへの指導の手ぬるさだけが表面化していった。それが学校現場では、対教師暴力などにつながったのではないかという指摘もあった。ただ、小学生は素直で、言うことを聞かないという現象はあり得ないという意識があったため、それが覆されるという事態には、教師もどう対応していいのかという困惑の中であえいでいたともいえよう。つまり、権威という点で、教師の地位低落が背景の一つにあった。同時に家庭教育も崩壊していたこともあり、地域の教育力も低下の一途であったといえよう。こうした経緯の中で、「新たな荒れ」が、形を変えながら学校現場に浸透していったのである。

　これまでも学級内での問題が外部には出にくく、保護者も学校任せという側面があった。その後、保護者の意識も変容し、理不尽な抗議に代表される「モンスターペアレンツ」が登場してきた。

　現在は、学校種が異なっても、入学後の学年に課題があると言われている。特に、中学校では「14歳の壁」、「中二病」など、中学校の第2学年に課題があったといわれる。ところが現在は、「中1ギャップ」に代表されるように、中学1年生の指導に苦慮する教員が増えているようだ。これは、小学校でも高等学校でも同じ傾向だという声が聞こえてくる。初年次時点に課題があるという。これも、「新たな荒れ」の傾向なのかもしれない。そして、より低年齢化している実態が報告されているのである。

4　実態把握と事例分析を活用

　90 年代の学級崩壊の実態や対策を振り返ってみると、現在にも通じるものがある。当時の学級経営研究会の報告では、いくつかの事例を取り上げそれを括っているが、現在においても参考になる分類である。こうした分類をもとに対策を練るべきだろう。

①就学前教育との連携・協力が不足していた事例

②特別な教育的配慮や支援を必要とする子どもがいた事例

③必要な養育を家庭で受けていない子どもがいた事例

④授業の内容と方法に不満をもつ子どもがいた事例

⑤いじめなどの問題行動への適切な対応が遅れた事例

⑥校長のリーダーシップや校内の連携・協力が確立していなかった
　事例

⑦教師の学級経営が柔軟性を欠いていた事例

⑧学校と家庭などとの対話が不十分で、信頼関係が築けず対応が遅れ
　た事例

⑨校内での研究や実践の成果が学校全体で生かされなかった事例

⑩家庭のしつけや学校の対応に問題があった事例

「いわゆる『学級崩壊』について〜『学級経営の充実に関する調査研究』（最終報告）の概要〜（2001 年 3 月）」

　これによると、学校側の問題だけでなく、「連携」というキーワードが見えてくる。つまり、個々の原因を追及するよりも、絡み合った糸をほぐしていくことが一番重要であるということにつながるのである。このような事例だけでなく、研究会では、学級の機能を回復させようとしたさまざまな試みやその過程についての事例もあわせて収集した。

①子どもの実態に即した学級経営によって回復した事例

②指導観の転換により信頼関係を取り戻して回復した事例

③学年合同授業などの活用で回復した事例

④幼保・小・中が連携し、支援することで回復した事例

⑤保護者が学級の様子を把握し、支援することで回復した事例

「いわゆる『学級崩壊』について〜『学級経営の充実に関する調査研究』（最終報告）の概要〜（2001年3月）」

　上記の五つの回復事例（回復に向けた事例）は、いずれも教師側からのアプローチであるが、どれも担任一人で抱え込まないという前提がある。現在の対応策と同じ視点であり、当時から示されていた。

　同研究会の最終報告においては、「学級がうまく機能しない状況」に対処していくためとして、次のような視点と取組を提示している。

　①状況をまずは受け止めること、②困難さと丁寧に向き合うこと、③子ども観の捉え直し、④信頼関係づくりとコミュニケーションの充実、⑤教育と福祉、医療など境界を超える協力・連携、⑥考え工夫したり、研修を充実したりするなどであり、いずれも考え試みる習慣と知恵の伝承である。

　その上で、今後の取組のポイントとして、①早期の実態把握と早期対応、②子どもの実態を踏まえた魅力ある学級づくり、③TTなどの協力的な指導体制の確立と校内組織の活用、④保護者などとの緊密な連携と一体的な取組、⑤教育委員会や関係機関との積極的な連携とある。

　これらの指摘は、現在の学級経営につながってくることは言うまでもない。また、特別支援教育の本質を突いており、学級崩壊という言葉があまり聞かれなくなった今こそ、再度確認したい内容である。

5　現在の教育課題とつなげる

　もう一つの新たな荒れとは、昨今の暴力行為の増加が、小学校でも顕著となっていることである。暴力行為は、子どもの心理や発達との関連が多く、攻撃性の観点からいじめ対策と呼応する部分が多い。指導においては、校内規律の指導と通じるものがあるが、困難を極めるものといえよう。

ここでは、規律指導を切り口として考えてみたい。学校において、児童生徒にきまりを守らせることは決して容易なことではない。しかし、きまりだからと強引な指導をしても、なかなかうまくいかないのが現実である。

　そこで、規範意識の醸成や向上を視点に置き、児童生徒理解の上、人間関係の調整を行い、自己指導能力の育成を学級やホームルームでの指導だけなく学校組織全体で指導するといった、総合的で相互補完した指導が重要である。

　『生徒指導提要』では、校内規律に関する指導として、校則やきまりなどの校内におけるルール指導が基盤であるが、それ以上に規範意識の醸成を重視している。しかし、発達段階によって指導の在り方が異なる。

　例えば、小学校では、児童理解が特に重要である。学級担任が学校生活のほとんどの場面の指導に関わっているため、教師の思い込みや抱え込みに陥ることなく、学校全体での対応が大切である。その上で、幼小の連携、小中の連携という校種間のスムーズな移行により、規範意識の醸成に努めることが指摘されている。

　中学校では、問題行動の多様化、複雑化、深刻化が進行し、規範意識の低下など厳しい状況にあるため、規範意識の育成においては、学校は規律やルールを学ぶ場所という共通認識に立って、学校環境の整備や規律の維持を重視し、全教職員の一貫した指導や生徒会活動などで規則を守ることの意味や意義、必要性を考えさせることが大切である。一方で、規則違反や問題行動に対しては、指導体制の確立や継続的な指導が欠かせない。この場合、学校だけで取り組むのではなく、家庭や地域とのネットワークの重要性を意識し、家庭や地域に対しては十分な情報発信が必要であろう。

　高校になると、個の確立がさらに重要になる。つまり、個々の自由と責任や権利の意義についての自覚を一層深める指導がポイントになろう。また、日常的に「社会では許されない行為は、学校でも許されない」ことについて、毅然とした対応が求められる。これが、規範意識の向上につながってくる。そのため、法規の指導、自律性を高める指導を行う必要がある。例えば、万引きは刑法では窃盗罪であるという社会では当たり前のことを指導し、一方で校則については、生徒自身に討論などを行わせ、ルー

ルの意味や必要性を意識させることが重要である。なお、義務教育との相違は、「停学」や「退学」といった法的な効果が伴った懲戒処分があり、一定の歯止めがあることだが、それが単に懲罰的なものではなく、生徒の自己指導能力を育成するための手段の一つとして、教育的な見地に基づいて行われなければならない。

　以上のように、今あらためて、きまりを守る指導を再構築する必要がある。しかし、現代の風潮も含めこうした指導は難しく、価値観も多様である。必要のないきまりは思い切って改正することも視野に入れたい。また、きまりだからと強引な指導をしてもうまくいくはずはない。それならば、校内規律についての意義や意味を指導する教職員がしっかりと理解し、発達段階や校種の違いを考えながら、的確な指導が求められるのではないか。

　ここでは、新たな荒れとして学級崩壊をはじめ、規律のない状況に苦慮する事態を取り上げた。しかし、過去からある規律指導と全く同じ切り口であり、児童理解を重視した上で人間関係の調整を行い、自己指導能力の育成を学級やホームルームでの指導だけなく、学校組織全体で指導するといった、総合的で相互補完した指導が重要であるといえよう。

　こうした危機には、何より保護者の協力を求めることが大切であり、正直に実態を伝え、信頼関係を構築しないと、どんどん悪化することがあることを意識すべきである。

[引用・参考文献]
●学級経営研究会（国立教育研究所）「いわゆる『学級崩壊』について～学級経営の充実に関する調査研究」（最終報告）、2001 年
●阪根健二「『学級崩壊』はどうなったのか—振り返る過去とこれからの課題」『月刊少年育成』12 月号、大阪少年補導協会、2010 年、pp.28-34
●文部科学省『生徒指導提要』平成 22 年、pp.145-147

II 教師の不適切な指導における問題

鳴門教育大学大学院特命教授　阪根健二

1　体罰をめぐる問題

　体罰は、学校教育法第 11 条において禁止されており、児童生徒への指導に当たって、いかなる場合も体罰を行ってはならないと規定されている。体罰は、違法行為であるのみならず、児童生徒の心身に深刻な悪影響を与え、教員等および学校への信頼を失墜させる行為でもある。

　生徒指導において、懲戒が必要と認める場合があるが、文部科学省は通知等で、懲戒を、学校教育法施行規則に定める退学（公立義務教育諸学校に在籍する学齢児童生徒を除く。）、停学（公立義務教育諸学校に在籍する学齢児童生徒を除く。）、訓告のほか、児童生徒に肉体的苦痛を与えるものでない限り、通常、懲戒権の範囲内と判断されると考えられる行為として、注意、叱責、居残り、別室指導、起立、宿題、清掃、学校当番の割り当て、文書指導などがあるとしている。しかし、こうした状況においても、決して体罰によることなく、児童生徒の規範意識や社会性の育成を図るよう、適切に懲戒を行い、粘り強く指導することが必要であるとしている。

　ところが、体罰については、未だ是非論がある。それは過去の経験からであり、昔の学校現場では、ある程度の体罰は容認されていたからだ。それが学校の秩序を保ち、また子どもたちの健全育成に一定の効果があった。一方で、体罰が心の傷となって、学校にいけなくなったという例もあり、こうした体験が、大人になるにつれて、体罰を肯定するか否定するかという点で、大きな溝をつくっていったのである。

　教職員は、体罰に対して、一般と比べると、概して寛容的な意識が残っている。それは、教職員自身が、子どもの頃は、ある程度規則を守り、学

習態度も良好だったため、教師から体罰を受ける対象ではなかったことや、仮に体罰を受けていても、それに一定の理解と納得があったからである。「あの一発で目が覚めた」という美談をよく聞くが、本当にそうだったのか。実は、殴られたことよりも、それまで教師が熱心に関わり続けていたことが目が覚める要因であり、子ども自身に既に目が覚める力がついていたのである。また、体罰が容認されていた時代は、教師に時間的なゆとりがあり、家庭教育にも関わっていた。つまり、ある意味で親代わりの立場だったため、そこに信頼関係が構築されていた。

　今はそうではない。これは明らかに変化している。まず、教師にゆとりがなく、個人情報の関係もあって家庭のことをほとんど知らない。当然、子どもや保護者の意識も変化しており、過去とは環境が違っているのである。それでも、体罰事件が発生する。過去の成功体験にとらわれて、一方的な信頼関係だけが独り歩きをしていると思われるのである。

　生徒指導において、この種の問題は指導の在り方として、特に意識しておかないといけない。教師集団の連携において大きな障壁にもなるからである。

2　体罰の発覚に対して

　もし体罰が常習化している教職員がいる場合と、何らかの要因でたまたま体罰を行ってしまった場合とで対応が異なってくる。前者の場合は、管理職を含め、学校にも大きな責任が及ぶ。これは、それまでの指導が徹底していないことが露見したという点で、教職員個人の問題だけではないという理由からである。また、後者においても、当然、管理職等の責任は問われるが、なぜ体罰が発生したのかその背景を探ることで、組織的な問題なのか、感情的に対応したかがみえてくる。

　いずれにせよ、法的にも道義的にも、体罰を厳しく禁止するところからスタートしなければならない。ただ、児童生徒には一切触るなということではない。指導する上で必要な「行動の規制」や「スキンシップ」は存在する。そこで、教師自身が人権感覚をもって対応する必要があるというこ

とに帰結する。教職員自身が自分の行為に対して、うわべだけでなく、何が問題だったのかをしっかり意識して対応しないと、より混乱する可能性がある。

　学校においては、体罰行為に対して周囲が異を唱えない限り、表面化しない。例えば、社会問題化した大阪市立桜宮高等学校の事案の場合、外部監察チームの報告書では、「大半の体罰が、生徒及びその保護者がこれに異を唱えないため、顕在化されることなく、処理されてきたことこそが、これまで体罰が根絶されていない根本的理由の一つである」としている。つまり、顕在化しない限りは問題はないという安易な認識があり、管理職からの指導も強く認識することがないことで、繰り返してしまうということである。これは、不祥事全般にいえることである。

　したがって、該当教師に事情を聴取しても、児童生徒本人との信頼関係があるので問題ないという回答しか返ってこないことも想定される。ある意味、システム的に、児童生徒に体罰と思われる行為を行った（あるいは目撃した）場合は、すみやかに申告するように強く指導しておくべきであろう。それに従わず、後から発覚した場合は、処理できない事態に陥ることを、しっかりと説明しておきたいものである。

　そこで、以下の対応が必要であろう。

（1）まずは報告、そして謝罪

　どのような形でも体罰と疑われる行為があった場合は、本人だけでなく保護者への報告と謝罪が必要であるが、なぜそうした行為に発展したかをしっかりと説明することが求められる。明らかに教師側に問題があれば、謝罪だけでなく教育委員会への報告を行うこともきちんと表明することで、保護者の感情的な意識も緩和されるが、一方で、児童生徒側にも問題があり、それが体罰と疑われる事案に発展した場合は、事実関係を明らかにして、教師側の主張も伝えるべきであろう。

　さて、問題となるのは体罰か否かの判断であり、その基準をどこに置くかで、今後の対応も変わってくる。そもそも体罰の判断は個々の意識によって違いがある。安易に扱うと学校に対する不信感が増大していくことも予想されるため、説明と報告という点については、誠実に履行し、隠ぺ

いしない姿勢を明らかにしておくことが求められる。

　ここで、体罰の基準について考えてみよう。そもそも、教員等が児童生徒に対して行う懲戒は、指導の一環として認められている。いけないことをいけないと指導することは必要な行為であり、それが体罰に当たるかどうかは、子どもの年齢、健康、心身の状況、場所および時間という環境などのさまざまな条件を総合的に考えて、個々の事案ごとに判断する必要がある。そこで、身体に対する侵害を内容とする懲戒（殴る、蹴る等）、肉体的苦痛を与えるような懲戒（正座・直立等特定の姿勢を長時間にわたって保持させる等）に当たると判断された場合は、体罰に該当すると判断される。ただ、懲戒行為を行った教員や、受けた子ども・保護者の主観によって判断するものではなく、客観的に判断して処分の対象にしているのである。

　例えば、授業中、教室内で立たせることや、清掃を課すことなどは、指導の範囲内だといえよう。また、授業中に妨害している児童生徒を指導して、強制的に席につかせることもあり得るだろう。子どもの暴力行為に対して、教員が防衛のためにやむを得ず取り押さえることもある。これらの指導まで、子どもが身体的な苦痛だと訴えてそれを体罰だとすると、教師の指導は極めて困難になってしまう。

　重要なことは、そこに「合理性」や「必然性」があるかどうかである。誰が考えても当然の行為として認められる場合なのかどうかであり、社会的な視点に合致していることがポイントである。この種の判断は難しいが、部活動で怠けていることだけで、有形力を行使するという行為は、明らかに問題である。この場合は、感情的な行為に及び、その多くは体罰となってしまうからである。保護者への説明も、こうした基準に合わせて、納得できる対応が求められる。

　また、体罰問題は、その場だけの収束では終わらないことが多い。体罰問題として報道された場合、自分も被害者だったという告発や、過去に体罰を行ったという情報が、教育委員会や報道機関に寄せられるが、それは、被害者側が納得していると思っていても、実際は納得していないことが多いからである。

（2）問題が大きくなった場合

　保護者から、子どもが教師から体罰を受けてけがをしたという相談があった。該当の児童は他の児童への暴力行為があり、それを止めるために強制力を行使した。

　体罰を行ったと訴えられた教師は、ベテランであり、問題行動への対応も的確で、信頼を得ている教師である。ただ、厳しいことが定評で、事情聴取の結果、児童側に非があることが判明しても、体罰に相当する事実があったことで、その後、管理職を交えて謝罪などを行った。しかし数日後、保護者が弁護士を伴って、直接学校を訪問してきた。そこで、打撲の診断書が渡され、診療費と慰謝料を請求してきたのである。問題が大きくなった事例である。

　こうした場合、まずは、抗議に対しては真摯に受け止めることが重要である。対立しては問題が解決しないため、十分に内容を聞いてから対応することが肝要であるが、場合によっては第三者を入れることもある。もし、保護者側に弁護士が同行しているならば、学校側もそれなりの対応が必要だろう。

　ここで大切なことは、何に対して問題があり、何を求めているのかを整理して、説明できるものは説明し、無理なことははっきりと無理という姿勢である。ただ、体罰という点では、教師側に大きな責任があり、場合によっては理不尽な要求をされることも想定される。この場合は、保護者は、診断書、弁護士という法的な手段をもって来訪することもあり、警察などの関係機関への告訴も伴うことが考えられる。

　このように、体罰に関わる問題は、場合によって許容できる範囲ぎりぎりのケースもあるが、加害側と被害側との意見が大きく相違することもある。学校として、保護者の要求にどう応えるかを中心に、今後の対応を行うことが望ましい。仮に体罰とは断定できなくても、体罰につながる行為であったことを認めて、被害側に謝罪するが、医療費と慰謝料などの要求については、学校としては受けられないことを明示しながら対応したい。場合によっては、初診料や医療費の負担の必要はあるかもしれない。

　また、今後、当該生徒が問題なく登校できるようにすることが一義であ

り、そのための対応であることを説明したい。その上で、学校全体として
体罰のない学校づくりを徹底するため、具体的な対応を示すべきである。
今後の対応について、学校と保護者双方に任せてもらえるよう、弁護士が
結果的に第三者側として中立の立場になってくれれば、その後の対応もス
ムーズになると思われる。特に金銭的な要求が絡めば、こうした対応が重
要になる。

　体罰は、教師側からは子どものためという名目があり、保護者側からは
強権的な行為というイメージがある。それを払しょくするためにも、事案
が発生したときは、誠意をもって説明する責任がある。「説明責任」とは、
アカウンタビリティー（Accountability）の訳語であり、影響力のある、
あるいは権限をもっている側が、受ける側に対して、活動の内容や権限の
行使について説明する必要があるといった考え方であり、これまでの日本
の風土には根付いていなかった考え方である。しかし、説明責任は、基本
的に会計制度や税金に関する報告義務という観点で重視されてきた考え方
であるため、基本的には外部のステークホルダー（利害関係者）を対象と
している。つまり、内へ向けてではなく、外へ向けての社会的責任の範疇
なのである。

　ところが、説明責任は、何か事案が発生すれば、それについて説明さえ
すればいいという偏った考えが支配的である。学校現場でも同様の方向で
動いているように思われるが、説明責任とは結果責任が伴い、厳しい責任
だと解すべきである。

3　「指導死」という問題に対して

　近年、「指導死」という言葉が生まれ、痛ましい事例が報告されている。
「指導死」とは、教師の行き過ぎた指導によって、生徒が自死することであ
る。これが教師の言動によって起きているとすれば、深刻に受け止めて、
その背景や要因を探る必要がある。

　報道などによると、一般的に「指導」と考えて行う教員の行為が、生徒
を精神的あるいは肉体的に追い詰めたケースだと推察されるが、遺族等で

結成された「『指導死』親の会」において、「指導死」の四つの定義が示されている。ここでは、これを引用したい。

①不適切な言動や暴力等を用いた「指導」を、教員から受けたり見聞きしたりすることによって、児童生徒が精神的に追い詰められ死に至ること。

②妥当性、教育的配慮を欠く中で、教員から独断的、場当たり的な制裁が加えられ、結果として児童生徒が死に至ること。

③長時間の身体の拘束や、反省や謝罪、妥当性を欠いたペナルティー等が強要され、その精神的苦痛により児童生徒が死に至ること。

④「暴行罪」や「傷害罪」、児童虐待防止法での「虐待」に相当する教員の行為により、児童生徒が死に至ること。

なお、「指導死」でいう「指導」は、学校における教員による説諭、叱責、懲戒はもちろん、言動すべてを含むものです。

「指導死」親の会 Web ページより　http://www.shidoushi.org/

これによると、学校で一般的に行われる指導が、不適切で行き過ぎた結果であり、軽微な事案での重い処分や長時間の事情聴取など、児童生徒への心理的な負担が過度にかかり、自死の原因となっているという指摘である。ただ、自死の主因が、教師の指導によるものか、他の要因もあるのか、その判定は難しいが、明らかにきっかけはつくっているといえよう。そのため、教員として、どのような指導が適切なのかを意識する必要がある。

ここで大切なことは、思い込みの指導に至らないことである。生徒が、何らかの問題を起こしたとしても、その動機や背景を探り、複数で指導に当たることが肝要であろう。特に、教育熱心な先生が秩序やルールを重んじるあまり、行き過ぎた指導を行ってしまうこともあり、それが生徒を追い詰めてしまう傾向がある。どの学校でも起こり得る問題であり、体罰問題と酷似しているといえよう。

［引用・参考文献］

● 文部科学省初等中等教育局長・スポーツ・青少年局長「体罰の禁止及び児童生徒理解に基づく指導の
　徹底について（通知）」平成 25 年
● 「大阪市立桜宮高等学校外部監察チーム報告書」2014 年
● 本村清人・三好仁司編著『体罰ゼロの学校づくり』ぎょうせい、2013 年、pp.40-55
● 「指導死」親の会 Web ページより　http://www.shidoushi.org/

Ⅲ 生徒指導の問題が発生したら
―行動連携とメディア対応―

鳴門教育大学大学院特命教授 阪根健二

1 連携の難しさ

　教育現場では「連携は必要だが、実際の連携は難しい」という声が多く聞かれる。特に生徒指導上の諸問題を扱うとなると、問題行動への対応が主となり、地域や関係機関との連携の必要性については十分認識していても、そこでは個人情報が溢れ、個別な対応を迫られる上に、決して好ましい情報を扱っているわけではないため、できる限り外部への公表を控えたいと考えるものである。

　つまり、連携の必要性は理解していても、実際となるとそう簡単にできるわけがないと考えている方が多いのである。しかし、これまで数々の先行事案では、結果的に収拾がつかない事態になっていく過程において、閉鎖的な姿勢があり、今こそ意識変革が求められている。

2 「抱え込み」から開かれた「連携」へ

　学校における生徒指導体制の整備や学校と関係機関等との連携の重要性については、過去から「抱え込み」の問題への警鐘を鳴らしてきた。

　平成8年の中央教育審議会答申「21世紀を展望した我が国の教育の在り方について（第一次答申）」において、「抱え込み」意識からの脱却として、①学校だけの対応で指導を完結することは一層困難になっているとの認識が必要、②連携を行うに当っては、教職員間の共通理解の下に学校としての判断に基づくことが必要、③主たる対応を関係機関に委ねた場合も、適切な役割分担のもとに一体的な指導が必要、とした。

　その後、平成10年から16年にかけて、四つの報告書により、学校と関係機関等との連携の重要性および連携の基本について公表された。こうした動きは、『生徒指導提要』（平成22年）で集約され、関係機関等との連携について児童生徒の発達を促すための連携と、問題行動等への対応を行うための連携が示された。これは、健全育成やネットワークの構築などのために行う「日々の連携」と、学校だけでは解決が困難な問題行動等が発生した場合などの対応のために行う「緊急時の連携」である。これ自体、危機管理でいう「リスクマネジメント」と「クライシスマネジメント」なのである。

3　予期しない事態に遭遇すると

　生徒指導の問題が発生すると、行動連携は重要な要素となってくる。しかし、予期しない事態に遭遇したとき、必ずと言っていいほどマスコミの取材を受け、そこで連携体制が崩れることが予測される。責任問題に発展するからである。そもそもマスコミへの対応（以下、メディア対応という）は、企業のように"広報"という考えをもっていない教育現場では混乱することが多いといえよう。また、学校内で起きた事件や事故は、その後、社会問題化しやすく、例えば「荒れる学校」の象徴として、新聞、テレビだけでなく、週刊誌などに取り上げられる。やがて、騒ぎが一旦沈静化し、学校内が落ち着いたようにみえても、その影響が必ず残っている。近年では、SNSの拡散もあり、二次的な被害は甚大になってくる。

（1）教育現場でのマスコミ取材の実際

　多くは事件当日あるいは翌朝に、多数のテレビカメラをはじめ多くの報道関係者が学校周辺や玄関付近を取り巻き、その中を生徒や教員が学校へ入っていく。これは企業などでも同じであり、雰囲気が冷静さを奪っていく。教員の誰もが経験したことのない状況の中で、多数の報道陣に対応する体制を準備することはほとんど困難であり、学校は一層、混乱状態になっていく。臨時の職員会議やPTA、全校集会にテレビカメラが入ってくるが、学校としては、まずは報道関係者の入退室の制限を行うのが通例

となる。しかし、報道陣としては必要な情報が得られないため、ガラス越しにでも撮影したり、扉に張り付いてメモをとったりする。情報が得られない報道関係者は取材活動などで、辛辣な内容の質問を浴びせ、学校側は右往左往する。登下校の生徒にも直接の取材が申し込まれ、情報は交錯するという事態になる。

こうなると、記者会見を設定する必要がある。しかし、そこでは事実を追求するだけでなく、情緒的な言葉を引きだそうと記者からの質問は途切れず続く。これに耐え切れなくなるのである。

（2）学校がとるべきスタンスとは

まず、基本的な点を理解しておきたい。マスコミは、学校等の教育機関には厳しい対応で迫ってくると考えたほうがいい。それは、学校はいわゆる権力側であり、自己改革が可能な組織だからである。ある種の信頼性がある立場だけに、いい加減な対応には厳しい批判が待っている。ここでは、メディア対応の細かなノウハウよりも、学校がその役割と責任をきちんと果たしているかがポイントになる。ここでも、説明責任という姿勢が必要でもあり、誠実なメディア対応が決め手になるのである。

これまでの教訓から、メディア対応のために事前に準備しておきたいものがある。それが、「メディアリリースシート」（参考資料に後掲。149頁）である。これは、もし事案が発生した場合、報道陣は何が知りたいのか、何を冷静にリリースすればいいかを整理するものである。5W1Hは当然として、学校長のコメントや配慮事項などを記入し、場合によっては、ペーパーリリースして鎮静化を図るねらいと、人権など配慮すべき事項をきちんと報道関係者に理解してもらうためである。情報リリースの基本は相互理解であり、報道陣と情報共有をすることで、学校側の意図や事情を理解し、配慮を求める点にある。決して、マスコミは学校を困らせようとしているわけではなく、「なぜ、こうした事故が起きてしまったのか」「どうすれば回避できたのか」を国民に伝える責務を負っているのである。双方の役割を考えれば、メディア対応とは、従来の不毛な対立関係から、再発防止のため連携していくという視点が必要ではないか。こう考えると、メディア対応においては、マニュアルという発想から、その時点でのスタ

ンスが重要なのである。

　メディアの中立性というのは、決して中間点に立っているわけではない。教育関係者が思う中立とは明らかに違っている。そこで齟齬(そご)が生じるのである。前述したように、権力側ではなく、弱い側に立つというメディアの基本的スタンスである。言い方を換えれば、あえてその立場に立っていると

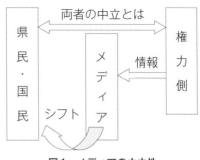

図1　メディアの中立性

言っても過言ではないだろう。そうしないと、強い側に引っぱられるのである。

　そもそもメディアにとって、学校は強い側である。批判を受けて自己改革できる一定の強さがあると認められているからこそ、問題が起これば学校側は批判されることをわかっておきたい。「メディアは学校側ばかり批判する、なぜ自分たちだけこんなに批判されるのだ」というのが多くの教師の被害感情だろうが、それは教師への不信や恨みと捉えるのではなく（阪根、2004）、それがメディアの当然のスタンスであると理解するべきだろう。この前提があれば、教師側も冷静なスタンスがとれる。

（3）取材や記者会見に至る場合

　記者は、学校の実態を把握していない段階で、一般社会の風評やうわさをもとにして取材することがある。こういった取材に対する対応のポイントをいくつか挙げてみる。

- 取材拒否は逆効果であり、誠意をもって対応する。
- 事実は隠ぺいできない。しかし、配慮事項はしっかりと説明する。
- 社会的な認識をもって、わかりやすい表現で対応する。
- 確定しない内容を扱う場合、「現時点でわかっていることは〇〇である」「〇〇を前提に、現在対応しているところである」というように、学校としての現在のスタンスを明示し、理解を求める。

こうした取材対応や記者会見では、必ず謝罪という視点が伴う。毎日新聞編集委員である城島徹氏は、『謝る力─「伝える言葉」が人の心を動かす時─』で、情報公開の基本を示している。①可及的速やかに、知りうる限りに事実を公にする、②嘘をつかず、隠ぺいしない、③経営トップが事態の収拾に尽くす努力を示す、④過ちを素直に認め、心から反省する、などが挙げられており、危機管理の第一歩は、不測の事態が起きたときに、「謝る力」を発揮できるよう、普段から覚悟を決め、組織的に動けるようにシミュレーションしておくことと指摘している。これは、日本大学アメフト反則問題を代表とする昨今の謝罪会見を分析したものであるが、実に参考になる。

（4）守秘義務とオフレコ

　学校側のスタンスを明示することによって、取材記者に学校の対応をある程度わかってもらえたとしても、学校にとってマイナスの情報は必ず出るものである。特に学校は個人情報が多いため、そうした情報をどう扱うかは一番の課題である。守秘義務があるということで対応しても、それが盾にならず、また、風評につながるマイナスの情報をどう扱うかも発表する側は気になるものである。

　もし、10の問題があったら、報道は最低6まで書くと考えていい。つまり、半分以上は書かないと報道にはならないからである。仮に10あったら6書くとしても、教育関係者側は、プライバシー等を盾に3ぐらいしか言わないのが実態だろう。しかし、報道では6程度は書くとすれば、わからない3の部分を、周辺から取材することになる。周辺の取材は、学校などにとってはそれこそがマイナス情報が多く、逆に厳しい報道が続くと思われる。筆者は、教育委員会勤務において、報道対応を担当してきた。その際には、あえて7程度言えるよう上司に想定問答を渡していた。その場合、個人情報など絶対に言えない

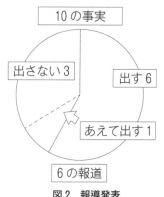

図2　報導発表

３を事前に確定させていた。この手段で、記者会見はスムーズであった。記者もマイナスの情報も含めて７程度話すという態度を理解し、逆に１を配慮し、結果６の報道になっていった。記者もオフレコといった部分は個人情報の場合を配慮するということである。正しい６か、やや不確定な６かで報道内容が変わるといえる。ただ、オフレコとは、漏れない情報ということではない。あくまでも、表面化したくない情報だということを示しているだけであって、場合によっては報道される。

　記者は「ネグる」という言葉を使うことがある。それはどういうことかというと、その記事は発信する必要はないと判断することを言う。ではどういうときにネグるのかというと、これはもう書く必要もない、あるいは逆に書けないと思うときであり、きちんと説明し、対応していることから納得する内容である。しかし、そこには印象や感情があることで、記者にも同じ悩みをもってもらうことであろう。記者が、これを今、報道するより学校にまかせたほうがいいと思うか、叩くべきかと思うかの違いであって、そのためにも学校側が、誠心誠意の構えで行っていることが前提となろう。

（５）失敗例に共通する三つのポイント

　事例を学ぶ前に、その事例から学んで避けるべき三つの「失策」を挙げておく。その「失策」をしたがために、結果的にメディアによる二次的な批判が起こり、その結果、指導を混乱させたものである。

❶事実の隠蔽

　事実を隠すことは、ほとんど裏目に出る。内部告発があれば言い訳が効かない。仮にまずい部分があれば、それを認めた上で対応することで、その後の「発覚」というリスクが避けられる。

❷保身を思わせる発言や態度

　誰にもある意識であるが、それが大事な場面で言葉や態度に出ると、そこから全てが崩れる。報道側にとって一番見過ごせない動きである。

❸情報提供を誤るなどの判断ミス

　何でも公表することがいいとは限らない。個人情報なども含め、詳しく

説明しなければいけない場合でも、それが公にはできない部分があれば、その理由をしっかりと伝えれば、理解を得られる。要は公表できない理由をきちんと説明できるかである。

　筆者自身も、事件や事故に遭遇した際に、上記の三つの失策をしないように対応してきた。しかし、後から考えれば、こうすればよかったという反省は多い。何かあったときには、それぞれの立場でまず何ができるのかを"想像できる力"が重要である。危機管理で重要なのは、冷静に対応できる力なのである。

[引用・参考文献]
●中央教育審議会答申「21世紀を展望した我が国の教育の在り方について（第一次答申）」平成8年
●阪根健二『教育関係者が知っておきたいメディア対応―学校の「万が一」に備えて』北大路書房、2007年、pp.22-32
●城島徹『謝る力―「伝える言葉」が人の心を動かす時―』清水書院、2018年、p.63

IV 事件・事故の教訓を生かす
—SHELL モデルでの事件・事故分析

鳴門教育大学大学院特命教授　阪根健二

1 教訓を生かすために

　学校で発生する事件や事故は、なかなか外部に出ない。そのため、教訓が共有されず、再発することが多い。特に生徒指導の問題となると、内容がセンシティブなため、ほとんど共有されない。そこに問題がある。しかし、運輸業界や医療業界などは、命を預かる業界であるため、事故などのインシデントを今後にどう生かすかが重要であり、それが再発を防いできたといえよう。

　学校に関わる事件や事故などについて、大きな事案が発生するたびに、文部科学省は通知を発出し、啓発に努めてきた。しかし、単発的な通知は、その場での効果があっても、時間がたつと忘れてしまったり、正確な情報が伝わらなかったりと、決して効果が上がっているとはいえない。

　昨今は、ICT が発達し、ビックデータの活用が社会を変えている。学校事故については、独立行政法人日本スポーツ振興センター（JSC）の災害共済給付制度があり、学校の管理下で「ケガ」などをしたときに、保護者に対して給付金（災害共済給付）を支払う制度があるため、給付にかかるデータが蓄積されている。中には、生徒指導に関わる情報もあるが、現在「学校事故事例検索データベース」において、災害共済給付について平成17年度〜平成29年度に給付した、総数 7,028 件の死亡・障害事例が検索できるようになっている。これは貴重だが、あくまで死亡・障害事例である。ただ、同センターが集約しているデータは、学校事故のほぼ全てを網羅しており、公開できないものもあるが、こうしたビッグデータを予防に活用するべきだと思われる。

そうなると、自校で発生した事例や報道などで得た事件などを参考に、その教訓を得ていかないといけない。

2　SHELL モデルとは

（1）ヒューマンエラーを分析するツール

　事件や事故の多くは、ヒューマンエラーがその原因である。人間にはそれぞれの能力や特性があり、それが周辺の環境などと複雑に関連し合って事件や事故につながることがある。それを分析する手法として、代表的なものが「SHELL モデル」である。「SHELL モデル」とは、発生した事象に対するヒューマンファクターの問題を明らかにするための分析ツールである。1972 年、イギリスのパイロット協会が開催したシンポジウムで、エドワーズ（E. Edwards）が発表したものを、KLM オランダ航空の機長であったフランク・H・ホーキンス（F. H. Hawkins）が改良したものであり、世界の航空界に普及している。

　「SHELL モデル」は、下にあるような図で表される。事故やインシデントの分析に活用されているが、現在では、医療や福祉の場でも使われている。

　図の「SHELL モデル」の中心にある「L = Liveware（人間）」であり、当事者を示す。そして、周囲を取り囲む「S、H、E、L」は、「S = Software（ ソフトウェア）」、「H = Hardware（ ハードウェア ）」、「E = Environment（ 環境 ）」、「L = Liveware（他者）」である。ヒューマンファクターは、当事者自身の問題だけでなく、関連する周囲のあらゆる要素との接合部分（境界線）において捉えることで明確になる。

　「L- S」、「L- H」、「L-E」、「L-L」が、それぞれ一対となって関わっていると考える。つまり、「SHELL モデル」においては、人と人、人とソフトウェア、人とハードウェア、人と環境とのコミュニケーションの中で何らかの齟齬が生じ

ホーキンスによって
改良された SHELL モデル

た場合、ヒューマンエラーが起きると考えられる。なお、それぞれの接合面（インターフェイス）に、凹凸があるのは、個人のスキルや経験、あるいは環境条件など、さまざまな差異や不安定さを表している。

　教育現場で考えてみると、例えば入学試験での採点ミスの場合、採点者間のコミュニケーションに問題はなかったか（L-L）、採点する機材や道具の不備はなかったか（L-H）、採点のマニュアルに問題はなかったか（L-S）、採点する場所の環境は適切だったか（L-E）などが、ミスの要因だと考えられる。単に、直接採点した者の問題だけにとどめないことである。

（2）角度を変えて分析することの意義

　事件・事故が発生した場合には、関与している人に注目するだけではなく、その他の要因を踏まえながら分析することが重要である。生徒指導の問題は、概して指導する側に瑕疵があるという点に意識がいきがちだが、その他の要因を見落としてしまう可能性がある。そうしないと、教訓を得られず、結果、繰り返すことになる。そこで、ヒューマンエラーは原因ではなく結果であるという観点から分析をするのが、このモデルといえよう。

　では、このモデルを学校現場で活用できるようにするには、いくつかの修正を行う必要があろう。特に、事件・事故においては、発生する背景や制約がある。例えば、事案発生が予見できた状況にあっても、それに対応できないという背景や制約があることも想定できる。学校は同じような勤務環境ではなく、地域との関係という複雑な要素がある。その上で、想定内だったのか、想定外だったのかという点は、その後の検討では大きなファクターになる。また、教職員への責任など、感情的な面もあろう。それらを加味して、事件・事故の発生後に担当者が事案を整理し、校内研修等を使ってモデルを作成しながら、情報共有することが教訓を得ることになろう。研修用 SHELL モデルの様式を参考資料に後掲するが、以下のように活用する。

　①事案の概要および主な原因を記入する。（担当者）
　②事案が発生する背景や制約を記入する。（担当者）
　③ SHELL モデルによって、各項目の課題を浮き彫りにする。（全員）

【タイトル】 簡単に表題を記入	
事案の概要 ここには、発生した事案の概略を書く。	
原因 主となる原因を書く。	
背景・制約 事案発生が予見できた状況にあっても、それに対応できないという背景や制約があれば記入する。	
L-S から見えてきた課題 知識や思考によって集積・作成したものと当事者間との課題（例：手順書やマニュアル、規則や指示など）	
L-H から見えてきた課題 物質的な機器や構造と当事者間との課題（例：機器や機材、設備、施設の構造など）	
L-E から見えてきた課題 周辺の環境と当事者間の課題（例：地域性、温度や湿度、照度など）	
L-L から見えてきた課題 関連する人と当事者との課題（例：上司、同僚とのコミュニケーション）	
共有すべき教訓 上記の課題において浮き彫りになったものや、気づけなかったものなどで、共有すべき内容	

（一般的な SHELL モデルから、筆者が加筆して作成したもの）

④それをもとに、教訓を絞り、今後の方針を決める。（全員）

　こうした教訓を得る努力が、今後の学校では必要となろう。なお、こうした研修を行う上で、当事者への配慮が必要であり、個人を責めるものではないことを説明しておく必要がある。

［引用・参考文献］
●Frank H. Hawkins　Human Factors in Flight Paperback – Import, Gower Publishing Ltd; n edition（1987）
●黒田勲・石橋明『事故は、なぜ繰り返されるのか―ヒューマンファクター分析』中央労働災害防止協会、2006 年

おわりに
―居心地のよい学校・学級づくりを目指して

鳴門教育大学大学院特命教授　阪根健二

　教師が目指すことは、今も昔も変わっていない。それは、子どもたちの笑顔が満ち溢れる学校・学級づくりである。そこには、教師と子どもの良好な関係性があり、信頼関係に包まれた場といえる。しかし、今、学校では、子どもたちの世界の多様化に苦慮しており、規律や規範の変容、いじめへの対応の難しさ、児童虐待、クレーム対応など、過去と同じような対応だけでは深刻な問題に発展することがある。これまでの発想を変えなければいけないことはわかっていても、追いついていないのが現状かもしれない。つまり、子どもにとっても、教師にとっても、「居心地の悪さ」が現代の学校の問題である。一方で、「居心地のよさ」を追求するあまり、規律がなく、自由気ままな形では、学校運営がうまく機能しない。

　では、「居心地のよい学校」とはどんなものであろうか。多くの教員が、こうした学校を目指して、日々努力しており、素晴らしい教育実践が各地で展開されているが、その実情は、個々の教員がそれぞれの経験や資質によって実践されているため、教師の個人技や成功体験として語り継がれる傾向が強く、教育現場に広がっていかないのが現状である。そうなると、組織的な対応は難しく、せっかくの教師の技や理念が、今、増加している若い教員等に伝承していかないものになっている。

　また、教育現場でも「働き方改革」が喫緊の課題となっている。しかし、生徒指導においては、児童生徒が抱える問題は多様化し、複雑化したことで、さらなる時間と労力が必要となっている。つまり、働き方改革と生徒指導の充実は、相反する関係にもなりかねない。こうしたパラドックスにどう対応すべきかを考える必要に迫られている。

　教師の職務を考えると、どうしても外せないものが、児童生徒と教師との良好な関係である。子どもたちにとって、教師という存在は極めて大き

なものであり、その後の生き方に大きな影響を与える。だからこそ、教師は労力を惜しまず子どもたちに関わっていくのだが、これが諸刃の剣となっている。子どものためなら、いつでも、何でも行うことが教師の職務だと考えてしまうと、厳しい職場環境を生み出してしまう。だからこそ、教師ができることは何か、どこまで行うかを、保護者や地域を交えて考えていくことが必要であろう。日本型の勤務実態を考えると、夜遅くまで頑張ったり、休まずに働いたりすることが美徳のように感じる傾向が残っているが、働き方改革を考える上で、こうした意識や風土を変えていく必要があると思われる。これは、教師だけでは完遂できない。

　もう一つ、生徒指導にかかわらず、学校は積み上げてきた職務慣行がある。それが有効だと信じているが、もしかすると無駄が多く、効率が悪い面もあるかもしれない。生徒指導においても、問題行動の背景や対応を、知見やデータなどをベースにしっかりと研修し、それによって必要な対策と不要な対策が選別できるのではないかと思う。ゆとりは大切である。これがないと、感情的になったり、重要な視点を見逃したりするからだ。教員の働き方改革には、こうした視点が必要ではないだろうか。

　2020年は、新型コロナウイルスの感染拡大を受けて、全国の小中高校の休校措置が続いた。こうした中、子どもたちへの対応が大きな課題となったが、自宅待機という措置は子どもにとっては苦痛であり、保護者の負担も過大なものになった。子どもの安全や健康を考えると、致し方なかったといえるだろう。

　これまでも、冬季はインフルエンザなどの感染症のシーズンであり、学級閉鎖などが行われてきた。子どもたちはそれなりに過ごしてきたが、今回は未知のウイルスであり、休校解除の方針などがなかなかみえてこなかったことで、不安が募っていったのである。

　では、どうすればよいのだろうか。どんな緊急の事態でも子どもたちには、今起きていることを、子どもの年齢に即した形で、しっかりと伝える必要がある。自宅待機をしている子どもたちは、テレビやインターネットでさまざまな意見を耳にするが、そこにはやや先鋭化された大人向けの意見が多く、フェイクニュースも存在する。その結果、不安と不満だけが増

幅されていくのである。これまでも大きな事件や事故があり、仮に世情が騒がしくなっていても、教師は学校で正しい情報を子どもたちに教えてきたという経緯がある。

　例えば、なぜ休校したのか、その意味や意義を説明しておく必要があろう。通常の長期休業ではなく、感染症対策のための休みであることを説明し、自分たちの感染を広めない国民の一員であることを理解してもらう必要がある。その上で、自らの行動を考えさせることが重要なのである。困難な状況や逆境は、私たちに大切な教訓や生き方を残してくれる。子どもたちにとっても貴重な学習なのである。これこそが、生徒指導の本質なのかもしれない。

　最後に本書は、知見と実践を相互に盛り込んで、現代の学校現場に何が必要かを提言してきた。校内研修等で活用されることを望みたい。

参考資料

1 メディアリリースシート

メディアリリース・事案概要の把握シート例

学校名
校長名
生徒数

事案の概要
　1　日時（いつ）　　　　　　　　月　　　　日　　　　時　　　　分
　2　事案発生場所（どこで）
　3　当事者（だれが）
　　　生徒　　　小・中　　　年　　男・女　満　　　才
　　　教職員　　担任・担任以外　　　男・女　満　　　才
　4　事案（何が）

　5　事案内容の概要（どうした）

　6　事案の影響・結果（どのように）

　7　学校長のコメント

　8　配慮をお願いしたいこと（公表できない点があれば、その内容と理由）

　　　　　　　記載責任者（職名　　　　氏名　　　　　　　　　　）

＊緊急職員会等で配布し、その場で職員自身が記入し、情報共有を図る。記入用紙は事案処理
　後、全員から個人情報保護のため回収する。
＊記者会見等の必要があれば、最低限度の内容を記入し、配布する方法をとる。

2　事件・事故の分析シート（SHELL モデル）

SHELL モデルによる分析シート

【タイトル】
事案の概要
原因
背景・制約
L-S から見えてきた課題
L-H から見えてきた課題
L-E から見えてきた課題
L-L から見えてきた課題
共有すべき教訓

[監修]..

森田洋司 (もりた・ようじ)

鳴門教育大学特任教授、大阪市立大学名誉教授、大阪樟蔭女子大学名誉教授・元学長。
博士（文学）。日本生徒指導学会会長、日本犯罪社会学会会長、日本社会病理学会会長、日本被害者学会理事長等、学会の要職を歴任。文部科学省第 8 期中央教育審議会初等中等教育分科会委員。同省「いじめ防止対策協議会」座長。同省「不登校に関する調査研究協力者会議」座長。

山下一夫 (やました・かずお)

鳴門教育大学学長
博士（学術）、臨床心理士。京都大学大学院教育学研究科教育方法学専攻博士課程単位取得後退学。1986 年に京都大学教育学部助手、1988 年に鳴門教育大学学校教育学部講師。同助教授、教授、理事・副学長を経て 2016 年より現職。

[編著]..

第 1 章、第 3 章

阪根健二 (さかね・けんじ)

鳴門教育大学大学院特命教授
東京学芸大学大学院修士課程修了。1979 年に香川県坂出市内の中学校に勤務。その後、香川県教育委員会義務教育課主任指導主事、香川県坂出市立白峰中学校教頭、香川大学教育学部助教授、鳴門教育大学大学院准教授、2011 年に教授。2016 年、鳴門教育大学地域連携センター所長（併任）を経て 2020 年より現職。

第 2 章 I
金綱知征 (かねつな・ともゆき)　　香川大学
戸田有一 (とだ・ゆういち)　　大阪教育大学

第 2 章 II
鶴田利郎 (つるた・としろう)　　国際医療福祉大学
竹内和雄 (たけうち・かずお)　　兵庫県立大学

第 2 章 III
吉井健治 (よしい・けんじ)　　鳴門教育大学

監修者である森田洋司先生におかれましては、2019年12月31日にご逝去されました。本書の監修においては、多大なるご指導やご助言をいただきまして、一同心から御礼を申し上げます。ここに謹んでご冥福をお祈り申し上げます。

シリーズ生徒指導研究のフロンティア

生徒指導のリスクマネジメント　Ⅱ

2020年6月27日　初版第1刷発行

監　　修	森田洋司・山下一夫
編　　者	阪根健二
発 行 人	花岡萬之
発 行 所	学事出版株式会社
	〒101-0021　東京都千代田区外神田2-2-3
	電話　03-3255-5471
	http://www.gakuji.co.jp
編集担当	町田春菜
組版・印刷・製本	精文堂印刷株式会社

落丁・乱丁本はお取り替えします。
© Yohji Morita et.al.2020
ISBN978-4-7619-2615-1 C3037　Printed in Japan